寓言经济学

YUYAN JINGJIXUE

刘正山◎著

中国社会科学出版社

图书在版编目（CIP）数据

寓言经济学／刘正山著．—北京：中国社会科学出版社，2011．6

ISBN 978－7－5004－9680－9

Ⅰ．①寓…　Ⅱ．①刘…　Ⅲ．①寓言—作品集—中国—古代②经济思想—中国—古代—通俗读物

Ⅳ．①I276．4②F092．2－49

中国版本图书馆 CIP 数据核字（2011）第060864号

责任编辑　杨晓芳

责任校对　刘晓红

封面设计　李尘工作室

技术编辑　戴　宽

出版发行　中国社会科学出版社

社　　址　北京鼓楼西大街甲158号　　邮　编　100720

电　　话　010－84029450（邮购）

网　　址　http：//www．csspw．cn

经　　销　新华书店

印刷装订　三河君旺印装厂

版　　次　2011年6月第1版　　印　次　2011年6月第1次印刷

开　　本　710×1000　1/16

印　　张　13．25

字　　数　172千字

定　　价　28．00元

自　序

中国古代的“寓言”与西方现代的“经济学”可谓两极。从时间上看，提出“寓言”概念的庄子，与被某些人尊称为“经济学之父”的亚当·斯密，相隔2000多年；从地域上看，中国与西方，由于地缘因素长期阻隔，真正开始沟通也不过100多年的历史。严格地讲，二者由于时空的阻隔，未曾“谋面”。

将中国古代的“寓言”与西方现代的“经济学”放在一起讨论，对我而言，是一“未预结果”(Unintended Consequence)。

20世纪中期以来，中国的经济学教科书和相关专著，多冠名“西方经济学”。与此同时，“创建中国经济学”的呼声不绝于耳，其中多数倡导者为中国学术界非常有影响力的学者。

我初涉经济学之时，就对“西方经济学”、“中国经济学”这样的提法产生了疑虑。譬如，“西方经济学”认为，在一定时期内、某一市场上，某商品供过于求，价格趋于下降。这个规律难道仅仅在西方国家适用，在中国不成立？显然不是。叶圣陶先生的小说《多收了三五斗》说，20世纪30年代，江南某地的农民因为“天照应，雨水调匀，小虫子也不来作梗，一亩田多收这么三五斗”，可是，最终“却得到比往年更坏的课兆”。这种“谷贱伤农”的规律，未分中西。

后来，阅读钱钟书先生的《管锥编》，我发现中西文化其实是可以“贯通”的。这给了我很多启发。我想，张之洞所主张的“中学为体，西学为用”，可能需要反思了；当然，盲目迷信西方或者盲目排斥西方，也是不可取的。

当然，《管锥编》只是一部贯通中西文史哲的著作。那么，亚当·斯密以来的“经济学”呢？它是否也可以与中国古代的某些思想相互印证或者打通？答案是肯定的。

中国古代的寓言故事，历经千年传承至今，可谓千锤百炼，浓缩了中国古代人类思想文化的精华。庄子认为，人们习惯于以“我”为是非标准，为避免主观片面，把道理讲清，取信于人，必须“藉外论之”。（庄子称，寓言即藉外论之）由于寓言以比喻性的故事寄寓意味深长的道理，深受人们喜爱，在春秋战国时期就已盛行。在先秦诸子百家的著作中，寓言故事随处可见，其中许多优秀寓言传承至今，如：揠苗助长、自相矛盾、郑人买履、画蛇添足等。汉魏以后，在一些作家的创作中，也经常运用寓言。唐代柳宗元、元末明初的刘基，就擅长利用寓言说理。

以现代的眼光看，寓言故事其实是洞察世界的“模型”。模型是对现实世界规律的简化描述。模型可以有多种表达方式，包括语言文字模型、图表模型以及数学模型。寓言就是一种语言文字模型。现实世界是非常复杂的，寓言用简短的假托的故事或拟人手法，以简化的方式来说明某个道理。

西方现代的“经济学”，为了描述经济现象，也将错综复杂的经济现象抽象为简单的模型。如，经济学家可以抽象出一个铅笔市场的模型，以便简明地描述铅笔市场的运作。当然，这种模型不可能记录铅笔的每一个生产或者流通的细节，但它对我们理解铅笔市场是有帮助的，就如地图那样，虽然没有标注每一处房子或者绿地，但对我们很有用。

由此可见，“寓言”与“经济学”是可以“打通”的。譬如，

《战国策》之《威王问于莫敖子华》的记载说，威王听了莫敖子华对过去五位楚国名臣光辉事迹的介绍，羡慕不已，慨叹道："当今人材断层，哪里能找得到这样的杰出人物呢。"莫敖子华就讲了一个"楚王好细腰"的寓言：楚灵王喜欢细腰的臣子，只过了一年，朝廷里的人都是又黑又瘦。莫敖子华接着发挥道，臣子们总是希望得到君王的青睐的，如果国君真心诚意喜欢贤人，引导大家都争当贤人，楚国不难涌现能臣。与西方现代的"经济学"相互印证，你会发现，"机制设计理论"与"楚王好细腰"的道理是相通的。

如果说中国古代的"寓言"与西方现代的"经济学"之间有什么差异的话，除了前文所说的时空差异之外，就是表达方式的区别。寓言以散文或韵诗的形式，用语言文字的方式，寓理于事，概括和揭示了"经济学"中许多深奥的原理；"经济学"则用数学模型和图表等精致的方式，抽象了"寓言"中的许多道理。

本书选取了中国古代36则寓言故事，其中大部分入选中国现行的语文教科书，可谓家喻户晓。由于时代流变，演化传承，有的寓言故事今昔意义大不相同。我尽可能还原寓言的原初寓意，与我所理解的"经济学"相互印证，并以简明活泼的表达方式阐发一些"经济学"原理。

限于水平，我不敢奢望自己能够"贯通"中国古代"寓言"与西方现代"经济学"。我只是试图穿越时空，在中国古代的"寓言"与西方现代的"经济学"之间架起一座桥梁。"架桥"的努力，是为了"贯通"，但这项工作需要更多学者的共同努力。"贯通"不等于"同一"，也不一定就是"差异"，因为，任何理论都是在一定的"约束条件"下成立的，不考虑条件而直接套用，无异于"荆人涉澭"（或"刻舟求剑"）。

当然，本书是面向大众读者下笔的，行文力求通俗易懂，活泼有趣。记得王小波说过："……每一本书都应该有趣。对于一些书来说，有趣是它存在的理由；对于另一些书来说，有趣是它应达到的标准。”“有趣”，也是本书试图追求的表述风格。

“经济学”向来被称做“沉闷的学科”，一堆一堆的概念，一串一串的数学公式，足以让读者乃至一些经济学专业的学生望而却步。本书或许会让你改变这种印象。

2011 年 3 月于北京

目　录

自序 // 1
“荆人涉澭”启示经济学方法论 // 1
“愚公移山”：合乎理性的选择 // 7
“揠苗助长”与贴现率 // 12
塞翁失马　焉知非福 // 16
“朝三暮四”的新古典解 // 22
“竭池求珠”：缺乏治理的公地悲剧 // 27
从“大瓠之用”看创新 // 34
“纣为象箸”的经济学寓意 // 40
“智子疑邻”：信号传递方式的重要性 // 44
由“杨布打狗”看经济物品的区分 // 49
“滥竽充数”不是南郭的错 // 55
齐人有一妻一妾 // 59
“卖油翁”与分工效应 // 67
“马价十倍”：广告经济学 // 72
“画蛇添足”新解 // 78
“屠夫辞婚”对经济学研究的启示 // 82
“不龟手之药”的增值收益 // 86
“正昼攫金”：犯罪经济学 // 91

"和氏献璞"：博彩经济学 // 98
"猎者齐人"与迂回生产 // 105
从"买椟还珠"看效用比较 // 109
"自相矛盾"：冲突的权衡 // 116
"堕甑不顾"与沉没成本 // 123
"田夫献曝"：送礼经济学 // 129
"鲁侯养鸟"：给市场应有的"市场" // 135
"孔融让梨"：一个正和博弈 // 140
"楚王好细腰"：机制设计经济学 // 144
"东施效颦"：模仿经济学 // 150
"郑人买履"：拘泥于理论的后果 // 158
"杞人忧天"：分工的风险 // 164
"掩耳盗铃"的行为经济学解释 // 170
"老马识途"：无用的功用 // 174
"寒号鸟"与储蓄理论 // 178
"指鹿为马"：代表性考核 // 182
"燕人返国"："边际"的重要性 // 190
"庖丁解牛"：洞察世界的技巧 // 200

“荆人涉澭”启示经济学方法论

从本质上讲，任何经济学理论都是“荆人涉澭”的“标记”，在给定的前提条件下，理论是可以解释、预测现象的。但是，现实社会就像“澭水”那样，是不断变化的，所以，任何理论都不是一成不变的真理。

《吕氏春秋·察今》讲述了一个“荆人涉澭”（也称循表夜涉或楚人偷渡）的寓言故事，原文为：

荆人欲袭宋，使人先表澭水。澭水暴益，荆人弗知，循表而夜涉，溺死者千有余人，军惊而坏都舍。

这段话译为白话文，即：

楚国人想偷袭宋国，事先派人去测量澭河并树立标记。不料，后来澭河涨水，楚国人却不知道，在夜间顺着先前所作的标记徒步过河，结果一千多人被淹死，军中惊骇的声音如同都市里的房屋崩塌一样。

这个寓言故事本来是作为“世易时移，变法宜矣”这个论点的论据。《吕氏春秋》认为，当时的国君取法先王的法令制度，就像“荆人涉澭”所说的这种情况。时代已经与先王的法令制度不相适应了，但还在说这是先王的法令制度，因而取法它，用这种方法来治理国家，难道不可悲吗？

当前，人们在运用这则寓言的时候，所理解或选取的寓意，与作者原意大致相若。对此寓言的一种较广引用的解读为：从现象观察，荆人似乎做事很仔细，战前准备很充分，可是，就是这种“仔细”和“充分”，葬送了他们的胜利结果。因为他们忽略了最重要的一点：事物是发展变化的，人的认识必须与时俱进。

我认为，对于经济学的研究而言，这个故事具有非常重要的启发意义，它可以作为经济学方法论的教学案例。

众所周知，经济学方法论对于经济学理论的研究与运用者而言至关重要。通俗地讲，经济学方法论是如何进行经济学理论运用和理论创新的方法。马克·布劳格（Mark Blaug）在《经济学方法论》（*The Methodology of Economics*）中说：“方法论的任务是区分科学推论与非科学推论，以及对实证知识与规范知识的划分。科学家不应该对价值问题说三道四，而是对一事实进行科学解释，也就是，将这事实安置在他所属的规律中。”

那么，我们面临两个问题：第一，经济学理论如何运用？

有的读者对此不屑一顾：搞经济学研究的，谁还不会运用理论？可是，问题并没有想象中的那么简单。

任何经济学理论都是在一定约束条件下成立的，离开了约束条件，理论就是错误的。从这个角度看，任何理论都只是“荆人涉澭”寓言中所说的“标记”，在澭河水情不变的情况下（即给定的前提不变的条件下），“标记”是可以引导士兵过河的（即理论是可以解释、预测现象的）。但是，社会像澭河的水一样，是变动不居的（即任何理论都不是一成不变的真理），先前所做的“标记”，只适用涨水前的情况；而涨水之后，先前的“标记”就失效了。

现实中，很多学者在运用经济学理论的时候，往往忽视了假设条件，把经济规律、经济理论当做放之四海而皆准的真理加以运用，最终使自己的分析预测出现失误。这种失误，不仅做投资分析报告和经济研究报告的人容易犯，一些知名的经济学家也难以避免。譬如著名的“李嘉图恶习”。英国古典政治经济学的杰出代表李嘉图（David Ricardo，1772—1823），擅长把复杂的经济现象高度抽象成很少的变量，然后通过对这些变量的解释进而对整个社会经济的运作进行诠释。熊彼特（J. A. Joseph Alois Schumpeter，1883—1950）把李嘉图的这种将高度抽象的经济模型直接应用于错综复杂的现实世界的倾向称为“李嘉图恶习”。

翻阅经济学发展史，“李嘉图恶习”比比皆是。读者也许记得厉以宁、梁小民等经济学家关于“需求定律”的观点吧（参见厉以宁、秦宛顺《现代西方经济学概论》，北京大学出版社 1992 年版，第 13 页；梁小民《西方经济学教程》，中国统计出版社 1993 年版，第 36 页）。他们认为股票、黄金等是“需求定律的例外”。

那么，这类产品是否是“需求定律的例外”？一般教科书是这样定义“需求定律”的：假设其他情况不变（Ceteris Paribus），当物品价格下降（上升），人们会增加（减少）对该物的需求数量。而股票或者黄金，价格上涨了，购买的人反而增加。也就是说，这类产品的购买特点是，“价格上涨时反而抢购，价格下跌时反而抛出”，与需求定律所描述的状态不同，所以被厉以宁、梁小民等学者看作需求定律的“例外”。

其实，比照需求定律与黄金（或股票）的购买特点，不难发现，厉以宁、梁小民等学者直接将需求定律套用到现实情况，忽略掉了“假设其他情况不变”这个前提。

那么，“其他情况不变”的时候，“需求价格与需求量呈反向变动关系”，是成立的，也合乎需求定律的描述；当“其他情况”发生变化的时候，也就是现实中的情况，消费者面对的产品可能不是原来的产品，反映在坐标图上，就是整条需求曲线的向右移动，也就是说，这个时候是“需求”变了，而不是“需求量”的变化。既然“需求”变动了，均衡价格也会发生变化，这个时候消费者面对的是两个均衡价格、两个均衡点、两条需求曲线。但是，厉以宁、梁小民等学者忽略了这一点，将这两个（可以增加到无数个）均衡点连接起来，形成一条向右上倾斜的直线或曲线，并将此曲线误以为是需求曲线（详见刘正山《经济学林论剑》，福建人民出版社 2006 年版）。

第二，经济学理论如何创造与创新？

从本质上讲，任何经济学理论都是“荆人涉澭”的“标记”。那么，如何创造和创新理论？也就是说，如何做出合适的渡过澭河的“标记”，以及如何确保这个“标记”随着水情的变化而继续适用。

显然，做一个实用的“标记”，需要实地考察，寻找水势较缓、水深较浅的地方，作为过河的最佳路线，然后做出“标记”。

这其实就是经济学的两种基本分析方法之一的归纳法。所谓归纳法，是从众多个别经验或事实的考察分析中找出答案的研究方法。通过归纳，做出“标记”，也就是创造了一种“理论”。

当然，要确保这个“标记”好用，需要验证或进一步推理。显然，验证是有风险的。正如“荆人涉澭”这则寓言所说，楚国人遵循先前的“标记”过河，损失上千条生命。

如果在验证之前作一推理，或许能减少风险。显然，只有在上游没有下大雨、天气没有剧烈变化等前提下，遵循“标记”过河，是安全的；但一旦前提条件发生了变化，这个“标记”就不能用了。这是经济学最基本的分析方法之一的演绎法，即从假定前提出发，经过一系列的推理得出结论。

归纳和演绎这两种方法虽然存在一定程度的差别，却是不可分割的。阿尔弗雷德·马歇尔（Alfred Marshall，1842—1924）曾多次强调这两种方法同时运用的重要性。“归纳法和演绎法都是科学的思想中所必须采用的方法，正如左右两足是走路不可缺少的一样”；“经济学需用归纳法和演绎法，但为了不同的目的，采用这两种方法的比重也不同。”（参见阿尔弗雷德·马歇尔《经济学原理》，商务印书馆1964年版，第41页）。

翻阅经济学著作，我们会发现，大多数理论演绎的前提都是归纳的结果。如“经济人”假定，如果人们从一开始就从来都不为自己的利益考虑，那么这个假定能否产生值得怀疑。又如新制度经济学的“交易费用”概念，并不是科斯（Ronald Coase）杜撰的。他正是从交易费用不为零这个假定出发，解释了企业的存在性（先不论这种解释是否接近实际）。这又是一种演绎分析。

当然，任何一个已经得到表述的理论都不是真理本身，而只是真理在一定环境条件下的表现形式，如果把这个理论当成真理本身，就会陷入认识的误区。现实社会就像“澭水”那样，是不断变化的，所以，任何理论都不是一成不变的真理。老子《道德经》开篇之言“道可道，非常道”，就是提醒我们任何已经被提出来的理论，都不是“放诸四海而皆准”的常道。佛教《金刚经》里说“如来所说法，皆不可取、不可说，非法、非非法”，表述的也是同一个道理。

简而言之，任何理论一诞生就如同“荆人涉澭”的“标记”，你坚持涨水之前的“标记”，但实际上，水位已经变化了。如果从现有的理论出发，就会被它桎梏，不能真正把握现象背后的理论。所以，“长青”的理论，应该是随着外部环境的变化而予以修正的。

这方面，一个典型的案例就是“劣币驱逐良币定律”（或者称之为“格雷欣法则”)。香港大学的张五常与浙江大学的叶航对此有过一场争论。

张五常教授在《荒谬的“定律”》中说:“在有优、劣金币的情况下,购物而要付出金币的当然想使用劣币。问题是,卖物而收币的人可不是傻瓜,怎会不见劣币而敬而远之?卖物者是愿意收劣币的,但物品的价格必定要提高,借以补偿劣币之所不值;另一方面,以良币购物,价格就较便宜。”

叶航教授在《五常之谬》中说,张五常的疑问正是“格雷欣”之所以成为“定律”的关节。叶航还强调说:“我说过了,这是一篇我不想写的文章。这类文章多了难免造成‘审美疲劳’,而且会落下个‘为人不厚道’的印象。”

其实,二人均有谬误之处。张五常彻底否定劣币驱逐良币现象,不符合史实。因为,查阅各国经济史,在双本位铸币制度下,均存在含量充足的铸币被驱逐出市场的现象。叶航坚决维护劣币驱逐良币定律,也不符合现实。因为,在信用货币的今天,不存在劣币驱逐良币。比如爆发金融危机的国家最后可能会直接使用美元,如果美元是“良币”的话(详见刘正山《经济学林论剑》,福建人民出版社2006年版)。

也就是说,在双本位铸币制度下,“劣币驱逐良币”定理是成立的;但是,在信用货币制度下,它可能是不成立的。就如“荆人涉澭”那样,做“标记”的时候,“标记”是好用的;但条件变化之后,特别是澭河之水上涨之后,“标记”就不好用了。

行文至此,我想起了美国经济学家米尔顿·弗里德曼(Milton Friedman,1912—2006)的精彩言论:“经济学是一门迷人的学问,而最令人着迷的是,它的基本原理如此简单,只要一张纸就可以写完,而且任何人都可以了解,然而真正了解的人又何其稀少。”但愿读过“荆人涉澭”的读者能够意识到这个问题的重要性。

“愚公移山”：合乎理性的选择

著名经济学家梁小民称，从经济学角度看，愚公移山不是一种明智的做法，可以说是一种愚蠢的做法。不过，深究起来，愚公未必就那么愚蠢。“愚公移山”，并非盲目蛮干，而是在选择合适目标之后，坚持完成目标任务。

《列子》中的寓言“愚公移山”，经毛泽东引用，并写成一度人人必背的“老三篇”（另两篇是《为人民服务》和《纪念白求恩》）之一《愚公移山》之后，成为中国最有名的寓言之一。

这个寓言讲述了这样一个故事：

愚公家门前有两大座山挡着路，他决心把山平掉，另一个老人智叟笑他太傻，认为不能。愚公说：我死了有儿子，儿子死了还有孙子，子子孙孙无穷无尽的，两座山终究会凿平，比喻只要有毅力就可以成功。山神听说了这件事，怕他不停地挖下去，向天帝报告了这件事。天帝被他的诚心感动，命令夸娥氏的两个儿子背走了两座山。一座放在朔方的东部，一座放在雍州的南面。从此，冀州的南部，直到汉水的南面，没有山岗阻隔了。

而今，人们对于“愚公移山”有不同的解读。著名经济学家、北京工商大学教授梁小民在《愚公不能移山》一文中称，从经济学角度看，移山并不是一种好做法。经济学家讲实际，我们做任何一件事情，不是为了实现什么精神，而是要获得某种利益。要获得利益就必须进行成本—收益计算。那种收益小于成本的事，无论体现了多么重要的精神也不能做。愚公移山只是为了出行方便，除了移山之外也还有另外几种选择：第一，全家搬家，到交通方便的地方，何必在一棵树上吊死呢？第二，购买些毛驴之类交通工具，坐毛驴外出爬山也是一种选择。第三，修路。尽管修路也不易，但总比挖整座山容易。第四，古人已会打窑洞，把这种方法用于挖隧道，固然不易，但仍比挖整座山容易。“条条道路通罗马”，总之应该选择达到既定目的成本最小的方法。否则就谈不上“经济 ”二字了。

梁小民的分析，目的是要告诫人们，做任何一件事情都要进行成本与收益的计算。仔细想想，似乎确如梁小民所说：移山不是一种明智的做法，可以说是一种愚蠢的做法。从经济学的角度讲，愚公移山成本过大，有得不偿失之嫌，而且还破坏了生态环境。

不过，深究起来，“移山”未必就那么“愚蠢”。

不妨先从毛泽东的思考谈起。在中共七大这个具有重要历史意义的党代表大会上，毛泽东三次讲到了这个故事。第一次是 1945 年 4 月 24 日在中共七大所作的“口头政治报告”，毛泽东说：“我们有一百条枪，你们缴了我们九十九条，我们当然不高兴，但是不怪你们，因为你们本领大，高明得很。但是，就是只剩一条枪，我们也要打到底的。只要我们手里还有一条枪，我们被打倒了，就把枪交给我们的儿子，儿子再交给孙子。”接着他就讲了愚公移山的故事来强调这一点。第二次是 1945 年 5 月 31 日在中共七大所讲的“结论”，毛泽东在结束的时候讲道：“我们这次大会强调团结精神，就是要在一个原则下团结起来，在正确路线的基础上团结起来，是头脑清醒的团结，不是盲目的团结。同志们！我多次讲愚公移山的故事，就是要大家学习愚公的精神，我们要把中国反革命的山挖掉！把日本帝国主义这个山挖掉！"第三次就是1945年6月11日在中共七大所作的闭幕词，他不仅再次讲了愚公移山的故事，而且讲话的题目就叫做《愚公移山》。

毛泽东在中共七大期间三次讲愚公移山的故事，突出地强调的一个基本精神，就是：中共的事业是正义的，但前进的道路上是有困难的，因此要教育全党和全国人民充满信心，万众一心，去战胜困难，赢得胜利。

由此可见，毛泽东所理解的愚公移山，并非盲目蛮干，而是在选择合适目标之后，坚持完成目标任务。我认为，这合乎列子所讲述的寓言的本意，也合乎经济学所说的"效率"。

现代经济学特别重视选择问题。格里高利·曼昆（N. Gregory Mankiw）是美国哈佛大学的经济学教授，他撰写的《经济学原理》曾经是美国颇受欢迎的教科书之一，已翻译成17种文字。在这本书中，曼昆归纳出经济学十大原理。第一个原理就是：人们面临权衡取舍（People face trade offs）。也就说，当人们组成社会时，他们面临各种不同的权衡取舍。典型的是在"大炮与黄油"之间的选择。在现代社会里，同样重要的是清洁的环境和高收入水平之间的权衡取舍。

当然，人们如何选择，并非难事。无非是先充分考虑约束条件，然后在可选的项目中，选择对自己最有利的选项。

问题在于，经济学教科书并没有告诉我们：取舍之后怎么办？就如愚公那样，在挖山与迁居之间做选择，他选择挖山之后，怎么实现他的目标？

你可能说，很简单啊，坚持挖山就是了。愚公这一生挖不平，还有子孙啊，只要一直坚持下去，终究会将山挖平。

不错，愚公也是这么说的。不过，仔细分析，我认为，事情没那么简单。愚公其实并不愚蠢，而是充满着智慧。在当时的条件下，人们都清楚移山的难度，愚公当然不会不知道。面对智叟的规劝，愚公明确说他这一代根本无法完成，要让子孙继续他的工作。所以，愚公自己移山是假，需要获得天帝的支持才是真。虽然现实中没有天帝，但我们的聪明才智能通过某种途径和方式感动别人，感动社会，从而获得帮助，即所谓的“自助者自然有天助”。这里的“天”，可作社会来讲。

可见，人们在约束条件下做出优化的选择之后，要让所选择的达到最终目标，还存在实现方式的选择问题。

再列举一个现代的案例。2006 年年初，沈阳市文化局作家洪峰，由于不到单位坐班，被停发工资。洪峰面对这种情况，脖子上挂着大牌子，写着中国作家某某，因何原因上街乞讨。此事顿时引起舆论的广泛关注。后来，在舆论的压力下，他的工资问题很快得到解决，他本人也因此名声大振。而今，此事早已尘埃落定，但我们不妨做事后推想，假如当时洪峰在“选择”讨薪之后，没有“选择”上街乞讨这一方式，而是“选择”按照“正常程序”与单位协调或者寻求司法途径，能那么快地达到目的，能让自己名望获得那么大的提升？我认为不会。

当然，“愚公移山”给经济学家的启示，还有一点：选择一定的目标和方式之后，坚持做下去。人们常说，“坚持就是胜利”。我认为此话很有道理。

就如学习，无论选择什么样的实现方式，都是比较痛苦的。你选择坚持，还是放弃？要想获得成功，唯有坚持。

被称为“几何之父”的古希腊数学家欧几里得（Euclid，约公元前 330—前 275），受托勒密王邀请，来到亚历山大教学。尽管欧几里得简化了他的几何学，托勒密王还是不理解，希望找一条学习几何的捷径。欧几里得说：“在几何学里，大家只能走一条路，没有专为国王铺设的大道。”这句话成为千古传诵的学习箴言。

中国历史上也有一个类似的故事。传说唐代诗人李白小时候在山中读书，还没有读完，就丢下课本走了。过了小溪，看见一位老婆婆正在磨铁杵，李白觉得很奇怪，老婆婆解释说：“我想要做针。”李白明白了其中的道理，就回到了山上完成了学业，最终成为中国历史上大名鼎鼎的“诗仙”。

可见，把握了“愚公移山”的经济学精髓，就不会去不加选择、无智慧地蛮干，而是采取饱含哲理的巧干。

“揠苗助长”与贴现率

人们是否选择“揠苗助长”，与贴现率有关。贴现率高的人，往往选择及时行乐或者自暴自弃的生活方式，以增加其幸福度。贴现率低，往往考虑长远。

《孟子·公孙丑上》中，孟子给公孙丑讲了一个揠苗助长（或者称之为拔苗助长）的寓言故事，原文为：

宋人有闵其苗之不长而揠之者，茫茫然归，谓其人曰：“今日病矣！予助苗长矣！”其子趋而往视之，苗则槁矣。

这段话译为白话文，大意为：

宋国有个人担忧自己田里的庄稼长得太慢，于是动手把苗一棵棵地往上拔。他疲惫不堪地回到家里，对家人说：“今天累坏了，我帮助庄稼长高了！”他儿子赶忙到地里去看，禾苗都已枯萎了。

当今的人们一般认为，“揠苗助长”的寓意为：客观事物的发展自有它的规律，急于求成，反而坏事。

不过，从现实角度看，一些人热衷于短期利益，立竿见影的措施最受欢迎。例如，当前中国一些地方政府的领导干部似乎患有“政绩冲动症”，贪图政绩、追风逐浪。一些领导干部上任伊始，“政绩冲动”便十分强烈，他们只重视任期内上项目、出政绩，对事业发展缺少长远规划，对人民群众切身利益漠然视之，不顾客观条件盲目蛮干，超越实际需要贪大求洋，只求本届有“政绩”，不给后任留财富，以牺牲长远利益为代价，追求短期效益。有报道说，某地是个缺水、气温很低的地方，根本不适宜种植水稻。而某位领导为了出政绩，在搞农业结构调整时，居然别出心裁地把有限的水圈起来种了一片水稻，结果以失败而告终。有一县长为谋求升迁，换届前投资上千万元建了个大市场。由于市场所处的位置缺乏人流物流，根本不适宜做市场营销，开业后无人问津，事隔多年，仍然搁在那儿，成为当地一个笑柄。有的城市在绿化建设中高价购买大树古树，动辄几万元、十几万元，活下来的没几棵，造成巨额资金和生态浪费。

这些人为何热衷于短期利益呢？经济学中的贴现率概念或可做出解释。

贴现率（Discount Rate），本来是银行业的一个术语，是指将未来支付改变为现值所使用的利率，或指持票人以没有到期的票据向银行要求兑现，银行将利息先行扣除所使用的利率。

现在，经济学家一般将贴现率用来衡量未来收入和支出折算成现值的一个桥梁。贴现率越高，则同样一元钱发生在将来的收入或支出折算成今天的货币价值就越小（当然，这里的收入和支出是广义的概念，不仅是金钱意义上的）。那么，贴现率越高，说明将来发生的经济损益越不重要，只有眼前的损益才是重要的。

不同的人，由于从事不同的行业，或者身体状况不同，或者知识不同，或者处在不同的社会环境下，贴现率不同。例如，对于一个即将被处死的囚犯而言，其生命的贴现率非常高。对他来说，未来无关紧要，选择最能增大他生命的总效用的方法就提上了日程。对于未婚的水手们而言，随时有船破身亡的危险，所以他们的格言是："寿命不妨短暂，生活必须愉快。"与他们不同的是，一个有妻子儿女的人，愿意支付高额的保险费，为的是死后他的家属仍可继续享有一笔收入（［美］菲歇尔：《利息理论》，上海人民出版社1999年版，第68页）。

由此推论，对未来悲观的人，即贴现率高的人而言，往往选择及时行乐或者自暴自弃的生活方式，以增加其幸福度。对于那些对未来乐观的人，即贴现率低的人而言，往往考虑长远。

那么，"揠苗助长"中的那位宋人，或许是因为觉得贴现率较高，才迫不及待地希望禾苗尽快长成庄稼。美国经济学家菲歇尔在《利息理论》中举例说："一块草莓地的所有主，在冬天的时候，就愿以六个月后的两箱草莓来换取现在的一箱。反之，如果目前的收入多而将来的收入少，关系就迥然不同了。在草莓季节，草莓丰收，他也许愿以现在的两箱来换取明冬的一箱。"同样的道理，宋人或许是因为现时家中的粮食少，希望更快收获，也或许是觉得晚收庄稼的风险较大（比如天气恶化而导致粮食减产，战局动荡而无法保障粮食收获，等等），于是，他不顾庄稼生长的常规而"揠苗助长"。

至于前文所说的那些似乎患有"政绩冲动症"的干部而言，之所以短视，说到底也是因为贴现率高，也就是说，由于考核他们升迁的核心指标是GDP，可是，按照常规途径发展经济，需要较长的时间。然而，为官一任，只有短短5年的时间，于是一些人"铤而走险"，大搞短视的"政绩项目"。

使用贴现率这个概念，需要区别个人贴现率与社会贴现率。前面所说多为个人贴现率。对于一个社会而言，也存在一个贴现率问题。

如果社会贴现率（注：它与投资学中的社会贴现率有所区别）越高，说明不仅未来的钱在今天看来价值很小，而且将来社会上或个人发生的一切事件今天看来都没有多大的重要性，换句话说，只有现在才是重要的。所以，北京天则经济研究所的茅于轼说，“社会贴现率上升是一个危险的信号”。因为一个高的社会贴现率，意味着人们对未来的责任感减弱，说明人们只追求眼前利益，变得鼠目寸光。商业上的毁约，政治上的失信，对设备保养掉以轻心，对环境破坏无动于衷，对下一代人不负责任，甚至今朝有酒今朝醉，都是社会贴现率高所表现的心态。

由此看来，一个幸福度高的社会，必然是一个人们较少采用“揠苗助长”方式的社会，其社会贴现率将较低。2009 年年底，我作为全国人大财经委副主任吴晓灵主持的“中国民生指数”课题组的专家成员，提出政府的核心职责是提高国民的福祉水平，应当以此为政绩考核指标。国民福祉较高的社会，必然是社会贴现率较低的社会，这样的社会能够保障居民生活水平稳步提升，如居民收入有保障，收入差距在合理的范围之内，居民手中的货币不会大幅度贬值，居民有相当的文化休闲娱乐活动，健康有保障；生态环境适宜，如空气、水、噪音等污染较低；社会环境优越，如社会犯罪率较低，食品质量安全，政府廉洁，司法公正等；公共服务方面，如政府提供的义务教育、医疗卫生、社会保障、公用事业服务，居民较为满意。

那么，如果我们发现某个人“揠苗助长”，或者某个社会有较多的人“揠苗助长”，我们应当从经济学角度思考其背后的道理，而不应仅仅归结为“急于求成”。

塞翁失马 焉知非福

从经济学角度看，“塞翁失马”揭示的是不确定性。在不确定性条件下，我们的行为将面临“未预结果”（Unintended Consequence）。

西汉淮南王刘安（公元前179—前122）等编著的《淮南子·人间训》讲述了一则著名寓言——“塞翁失马”。原文如下：

近塞上之人，有善术者。马无故亡而入胡，人皆吊之。其父曰：“此何遽不为福乎？”居数月，其马将胡骏马而归，人皆贺之。其父曰：“此何遽不能为祸乎？”家富良马，其子好骑，堕而折其髀，人皆吊之，其父曰：“此何遽不为福乎？”居一年，胡人大入塞，丁壮者引弦而战，近塞之人，死者十九，此独以跛之故，父子相保。

这段话的大意是：

靠近边塞一带的人中，有一个精通术数的老翁。有一天，他的马无缘无故逃到胡人领地。邻居们都来安慰他，这位老翁却平静地说：“这怎么就不能是福呢？”几个月后，那匹丢失的马，领着一匹胡人的骏马一起回来了。邻居们得知，都前来祝贺。老翁却说："这难道不会是祸吗?"老翁家畜养了许多良马，他的儿子生性好骑术。有一天，他儿子骑马，不小心摔断了腿。邻居们听说后纷纷前来慰问。老翁淡然道："这难道不是福吗?"又过了一年，胡人侵犯边境，大举入塞。四邻八乡的青壮男子都拿起武器去参战，死伤大半。唯独老翁的儿子因腿部残疾，没有参战，父子两个得以保全性命。

"塞翁失马"的故事，被后世文人频繁引用。北宋的魏泰在《东轩笔录·失马断蛇》中写道："曾布为三司使，论市易被黜，鲁公有柬别之，曰：'塞翁失马，今未足悲，楚相断蛇，后必有福。'"南宋的陆游在《长安道》中写道："士师分鹿真是梦，塞翁失马犹为福。"后来，人们从这个寓言故事中提炼出一句成语——"塞翁失马，焉知非福"，用来说明世事变幻无常，或比喻因祸可以得福，坏事可以变为好事。

从经济学角度看，"塞翁失马"揭示的是不确定性。在不确定性条件下，我们的行为将面临"未预结果"（或称之为"非意图结果"，Unintended Consequence）。

先探讨不确定性与风险的区别是很有必要的。美国经济学家奈特（Frank Hyneman Knight）首先对风险与不确定性进行了区别，他认为"风险与不确定性之不同在于，风险是指事件组的概率分布结果已知，而在不确定情况下却不同，因为不确定之情况是高度独特的，不可能形成可分组的事件"。

更为通俗的解释来自英国经济学家凯恩斯（John Maynard Keynes，1883—1946）。凯恩斯也认为，对于"不确定"事件是没有科学基础进行概率计算的。凯恩斯指出："谈到'不确定性'的概念，我并不仅仅是指把已知一定要发生的事件和可能会发生的事件区分开来。从这一意义上说，轮盘赌博是没有不确定性的……甚至，人的预期寿命之不确定性也是微不足道的……我表达这个词的意思可以表示为欧洲是否会爆发大战是不确定的，或者说，一项新发明的过时是不确定的……对于这类事件是没有科学基础进行概率计算的。我们只是不知道。”

凯恩斯之所以指出轮盘赌博是没有不确定性的，是因为轮盘转动可以在同一环境下重复进行，其所有结果的概率分布是已知的。而对于利率、铜价、战争、技术发明等在较长时间的趋势，人们所掌握的知识少之又少，只好老老实实地说“我们不知道”。

“我们只是不知道”，道出了不确定性的精髓。凯恩斯指出：“有一件事实很明显：我们据以推测未来收益的一点知识，其基础异常脆弱。若干年以后，何种因素决定投资之收益，我们实在知道得很少，——少到不足道。打开天窗说亮话，我们不能不承认，如果我们要估计 10 年以后，一条铁路、一个纺织厂、一件专利药品之商誉、一条大西洋邮船、一所伦敦市中心区之建筑物之收益是什么，我们所根据的知识，实在太少，有时完全没有。即使把时间缩短为年以后，情形亦复如此。”

可以看出，不确定性是指这样的知识状态——“我们只是不知道”“我们实在知道得很少——少到不足道”“……我们所根据的知识，实在太少，有时完全没有。”

由于存在不确定性，现实中广泛存在“未预结果”。我曾经在《无招胜有招》一文谈过这个问题（读者也可参考《博弈论》方面的书籍）。某培训师对一个小组（12 个人）进行一项培训活动。他要求每个人背对背地从 0—100 中任选一个数字，写在纸上。收齐 12 个人所选的数字后，求所有人选择数字的均值。如果只有一位小组成员选择的数字最接近于这个均值，他就是胜者，可以获得 500 元奖金，否则所有的人都算输，所得奖金为 0。假设所有小组成员绝对理性，都希望得到奖金，那么，如果将此游戏重复做下去，从理论上看，这个均值可能是多少？

现实中，一般存在三种策略。第一部分人可能这样想：我并不知道其他人会写什么数字，它们可能是随机写出来的，因此，猜测数字50是合适的。第二部分人可能这样想：第一部分人看来有点笨，他们可能猜50，所以，猜测数字25是合适的。第三部分人可能这样想：其他人可能比较精明，他们可能猜测数字25，所以，适当的数字应当是12。

经过多次重复试验，结果表明，一般情况下这个均值在12—15之间。

假设将上述试验接着做下去，但是，一开始我就告诉大家，通常情况下，获胜的数字是12，并说明原因，那么，结果会怎样？试验表明，一般情况下，获胜的数字是3。其背后的道理，与上述试验一样。

所以，只要参与者总是在猜测他人的行为，答案就会按照上述规则而变化，没有人能够猜出最终的答案。毕竟，对很多问题，“我们只是不知道”。

现实生活中，由于广泛存在“我们只是不知道”的知识状况，政府部门出台的政策法规，未必会产生预期后果，相反，有可能产生“未预结果”。美国版的保护妇女儿童合法权益，在离婚时强制分割夫妇的共有财产、有收入的一方支付另一方赡养费、支付未成年儿童的抚养费，使离婚（美国离婚率一直在50%左右）的家庭妇女（占美国成年妇女的40%左右）和未成年儿童的生计得到一定的保障。在这一点上，法律保护了弱者。但这项法律也引来了一些以婚姻为手段谋财的人。在这个时候，有钱但又被蒙在鼓里的婚姻中的一方，就成了弱者。婚前协议就成了他们唯一的保护。

又如，香港特区政府出台禁烟条例，很多公共场所都开始禁烟，不少户外地方也不准吸烟。因为禁烟的地方越来越多，烟民只有在进入禁烟地之前作“吸烟冲刺”。这样一来，非烟民吸收的二手烟是多还是少？很难说。但可以肯定的是，烟民所接受的二手烟增多了，因为他们吸烟的地点更集中，那些地点的二手烟浓度更高。道理很简单，以前禁烟的地方不多，烟民吸烟的地点分散，只要你不是跑到烟雾弥漫的地方，你可以很容易避开二手烟，或者即使有二手烟，浓度也未达到现在很多地方达到的水平。现在的情况不同了，容许吸烟的地方少了，可以吸烟的地方相对集中了，因此可能出现“禁烟让人吸收更多二手烟”的“未预结果”（香港《明报》2007 年 1 月 7 日）。

当然，并非“未预结果”必定不好。亚当·斯密（Adam Smith，1723—1790）指出，每个人追求自己最大的效益，会提升整个社会的效益，后者就是前者的“未预结果”。亚当·斯密举例说：“人们是从屠夫、面包师或酿酒商那里得到午餐。不是因为屠夫、面包师或酿酒商的仁慈，而是完全出自于他们的自利。”

某项政策的实施，也可能带来好的“未预结果”。譬如秦汉统一货币，目的是为了政府享受铸币税（Seigniorage，指发行货币的组织或国家，在发行货币并吸纳等值黄金等财富后，货币贬值，使持币方财富减少，发行方财富增加的经济现象），但一个非意图的结果是，降低了交易费用，提高了经济交易效率。道理很简单，货币种类繁多，不同种类货币之间的兑换，是很麻烦的事情。

某种知识的运用，也可能带来好的“未预结果”。最初发明蒸汽机时，其主要用途是从受淹的矿井中抽水，实际上很长一段时间内它仅被视为一台水泵。而后来的一连串革新则使它成了纺织厂、炼铁厂及其他多种工业设施的动力来源。到了 19 世纪初，蒸汽机已成为通用的动力源并在运输领域广泛应用。又如，无线电波的发明者马可尼曾预期它主要会用于有线通信不可行的两点之间的通信，他想象自己发明的主要用户是轮船公司、报社和海军，因为他们需要点对点之间的通信，也就是说，这是一种“窄播”而非“广播”。不仅发明者这样认为，当时的社会舆论也是这样认为的。“当最初有人提议发展广播时，后来成为该行业最杰出领导者的一位人士却声称很难看到公共广播有什么发展前景。他能够想到的仅有的正常的用途就是礼拜日的布道，因为这是一个人定期参加大型公共活动的唯一机会。”（内森·罗森堡，1999）

总之，在一个存在不确定性的世界里，我们要面对的，永远是我们没有处理过的，过去的都已经成为历史，未来的任何变数都有可能，很多良好的预期都可能收获“未预结果”。比如一个红绿白三色球箱，装有 300 个球，每样 100 个，随机抽取一个，在数学上，抽到红绿白的概率都是 33.3%。这是不是不确定性？这不是！至少不是人类在现实世界中必须面对的不确定性。我们面对的是一个“黑洞”，不知道“黑洞”里有多少种颜色的“球”，也不知道“黑洞”里总共有多少个“球”，尽管过去我们拿出了很多“球”，而且红绿白各 1/3，但这仅仅是历史事件的发生频率。下一个“球”是什么？我们不知道！毕竟，塞翁失马，焉知非福。

“朝三暮四”的新古典解

“朝三暮四”背后的原理是边际效用递减规律——在一定条件下，人们接受信息的能力是递减的，如果人为地通过信息隐瞒或转移，制造新的信息不对称，让他在做成本收益对比分析或估计时不对称地或不完备地思考，从而改变观念。

《庄子·齐物论》中讲述了一个“朝三暮四”的寓言故事，原文很短，如下：

狙公赋芧，曰：“朝三而暮四。”众狙皆怒。曰：“然则朝四而暮三。”众狙皆悦。

这段话的大意为：

养猴人给猴子分橡子，说：“早上分给三个，晚上分给四个。”猴子们听了非常愤怒。养猴人便改口说：“那么就早上四个晚上三个吧。”猴子们听了都高兴起来。

而今，这个故事通常被引申为反复无常，用来谴责那种说话、办事经常变卦、不负责任的人。

这并非庄子的本意。庄子为什么要讲述"朝三暮四"的寓言故事？他为了解释"朝三"。为什么要解释"朝三"？因为，他将"劳神明为一而不知其同也"谓之"朝三"。

再追溯，这之前还有一段话："唯达者知通为一，为是不用而寓诸庸。庸也者，用也；用也者，通也；通也者，得也；适得而几矣。因是已，已而不知其然，谓之道。"

列举了"朝三暮四"的寓言故事之后，庄子还给出了结论："名实未亏而喜怒为用，亦因是也。是以圣人和之以是非而休乎天钧，是之谓两行。"

完整的看完庄子的原文，不难发现，庄子的意思是：不必执著于名实。丑人无盐与美女西施，其实在本质上并没有什么差别。之所以要把它们加以区别，不过是因为它们表面上有所不同罢了。有的人劳神费力、挖空心思，往一点上钻，却不知道到头来其实都差不多，这就是"朝三暮四"。养猴人给猴子分的橡子数量实际上并无差异，都是七个，唯一的差别在于分发的形式不同。可是，猴子的情绪却大不相同。因此，圣人把是与非混同起来，悠游自得，这就叫自得其所。

看来，抛开其他因素，"朝三暮四"无非说的是这样一种现象：同样的事实，仅仅因为表述不同，结果却大相径庭。这种现象，可以称为"庄子悖论"。

当然，有的读者可能表示抗议，说经济学界较早关注类似现象的是1988年度诺贝尔经济学奖获得者莫利斯·阿莱（Maurice Allais），而且学术界已经将其概括为"阿莱悖论"，并广泛流传。

关于"阿莱悖论"，经济学上一般用下面这个案例予以说明：医生对一群癌症患者说，你们如果接受化疗，有70%的成活希望，结果大部分病人同意接受治疗。医生对另一群癌症患者说，即使接受化疗，仍有30%死亡的可能性，结果接受治疗的人数远比第一种情况少。对同一个事实，两种不同的表述方式（70% 的希望，30% 的失败），得到的结果不同。

对比“阿莱悖论”与庄子的“朝三暮四”，不难发现，二者并无不同。如果中国本土的经济学早一点发展起来，这个悖论很可能不被称为“阿莱悖论”而是改称“庄子悖论”了。

当然，本文的本意并非为庄子树碑立传，而是想从经济学角度解读“庄子悖论”或者“阿莱悖论”。

先看看海外经济学家的解释。我们知道，由于阿莱提出这一悖论以及与该悖论相关的对人类选择行为的一系列研究，而获得了 1988 年的诺贝尔经济学奖。然而，经济学家们，包括阿莱本人，并没有对这个悖论给出合理的令人信服的解释。直到 1979 年卡纳曼（Daniel Kahneman）和特沃斯基（Amos Tversky）才在《计量经济学》杂志上发表了《前景理论：风险条件下的决策分析》一文试图给予解释，并因此而获得 2002 年的诺贝尔经济学奖。

前景理论（Prospect Theory），即认为决策个人的效用不是财产存量的函数，而是财产变化量的函数。而且，个人往往在收益时展现出风险回避，而在损失时呈现出风险偏好，这样，效用函数对于前景而言显示出 S 形，见图 1。

如图 1 所示，效用曲线中，亏损部分价值曲线变化较之盈利部分更陡，人们对盈利和亏损的感受不一样：对损失带来的失望比同额的获益带来的快慰更强烈，持续时间更长。失败使人对失败更长记性，成功往往使人对成功麻木。

我不认同卡纳曼等学者的观点。我认为，“阿莱悖论”（或“庄子悖论”）背后的原理是边际效用递减规律——在一定条件下，人们接受信息的能力是递减的，如果人为地通过信息隐瞒或转移，制造新的信息不对称，让他在做成本收益对比分析或估计时不对称地或不完备地思考，从而改变观念。

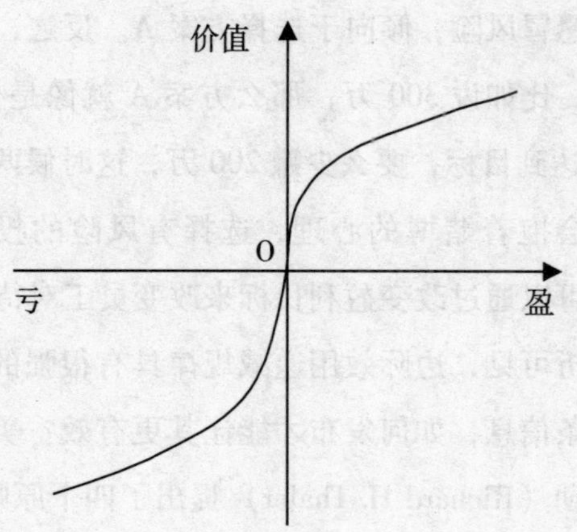

图1　前景理论中的效用曲线

以阿莱的例子说明，医生对两群病人提供的信息不同，一个信息突出了成功的比重，另一信息突出了失败的比重，这其实是两个不同条件的问题，卡纳曼将两种情况放到同一条曲线上，提出所谓的S形曲线，是对需求理论的误用。对于病人而言，在有限信息的条件下作最优化选择，再接受信息的能力递减。比如说，医生只告诉他们失败的比率，那么，成功的比率需要他们自己分析，尽管很容易计算。但是，对后者的接受程度，相对趋弱，从而强化了前者；相反，医生只告知病人成功的比率，而不告知失败的比率，那么，病人对后者的接受程度也是趋减的。所以，病人对于治疗方案的选择问题，利用边际效用递减规律就可以解释，而不需要“前景理论”。

认识到这一点，对人们的决策具有积极意义。不妨看一个卡纳曼与特沃斯基的实验：有一家公司面临两个投资决策，投资方案A肯定盈利200万，投资方案B有50%的可能性盈利300万，50%的可能盈利100万。这时候，如果公司的盈利目标定得比较低，比方说是100万，那么方案A看起来好像多赚了100万，而B则是要么刚好达到目标，要么多盈利200万。A和B看起来都是获得，这时候员工大多不愿冒风险，倾向于选择方案 A。反之，如果公司的目标定得比较高，比如说 300 万，那么方案 A 就像是少赚了 100 万，而 B 要么刚好达到目标，要么少赚 200 万，这时候两个方案都是损失，员工反而会抱着赌博的心理，选择有风险的投资方案 B。可见，老板完全可以通过改变盈利目标来改变员工对待风险的态度。

从上述分析可见，边际效用递减规律具有很强的实用价值。例如，手头有几条信息，如何发布才能让其更有效？美国芝加哥大学商学院教授泰勒（Richard H. Thaler）提出了四个原则：

——如果你有几个好的消息要发布，应该把它们分开发布。比如假定今天你老板奖励了你 1000 块钱，而且你今天在一家百货商店抽奖的时候还抽中了 1000 块钱，那么你应该把这两个好消息分两天告诉你妻子，这样的话她会开心两次。因为，分别经历两次获得所带来的高兴程度之和大于把两个获得加起来一次经历所带来的总的高兴程度。

——如果你有几个坏消息要公布，应该把它们一起发布。比方说如果你今天钱包里的 1000 块钱丢了，还不小心把你妻子的 1000 块钱的手机弄坏了，那么你应该把这两个坏消息一起告诉她。因为，两个损失结合起来所带来的痛苦要小于分别经历这两次损失所带来的痛苦之和。

——如果你有一个大大的好消息和一个小小的坏消息，应该把这两个消息一起告诉别人。这样的话，坏消息带来的痛苦会被好消息带来的快乐所冲淡，负面效应也就少得多。

——如果你有一个大大的坏消息和一个小小的好消息，应该分别公布这两个消息。这样的话，好消息带来的快乐不至于被坏消息带来的痛苦所淹没，人们还是可以享受好消息带来的快乐。

当然，在现实生活中，不要照搬上述四个“原则”，而应该把握边际效用递减规律的精髓，如庄子所说的养猴人那样，灵活应变。

“竭池求珠”：缺乏治理的公地悲剧

界定产权或者私有化并非解决“竭池求珠”式公地悲剧的唯一途径。事实上，很多时候，界定产权甚至是不重要的。

《吕氏春秋》卷十四中的《必己》讲述了一个“竭池求珠”的寓言，原文为：

宋桓司马有宝珠，抵罪出亡，王使人问珠之所在，曰：“投之池中。”于是竭池而求之，无得，鱼死焉。

这段话译为白话文，大意是：

宋国司马桓魋有宝珠，用它抵罪出逃。王派人问宝珠所在之处，说：“投到池中。”于是弄干了池水来寻找宝珠，没找到，鱼却都死了。

这则寓言，原本是说祸福相倚（原文称：“此言祸福之相及也”）。作者还举例说：纣在商做坏事，而祸充天地，融合协调又有什么好处？（原文为：“纣为不善于商，而祸充天地，和调何益？”）后来，有人将其与《吕氏春秋》卷十四中的《义赏》所说的

“竭泽而渔，岂不获得？而明年无鱼”相联系，说“竭池求珠”是一种短视行为，并导致“城门失火，殃及池鱼”。

实际上，“竭池求珠”这种为了达到目的而不择手段的行为并非人类本性使然，人类是否选择类似行为随外在条件而变化。

现代经济学上有一个著名的“公地悲剧”（The Tragedy of The Commons），讲述的就是这个问题。

1968 年，美国生物学家贾瑞特·哈丁（Garrett Hardin）在《科学》杂志上发表了一篇论文，题目叫做《公地悲剧》（*The Tragedy of The Commons*），说的是：在英国中古时期，存在一种公地制度——封建主在自己的领地中划出一片尚未耕种的土地作为牧场，无偿提供给当地的牧民。然而，差不多所有的牧场最终都废弃了。原因说起来并不复杂：由于牧场土地产权缺乏界定，不明晰，可以无偿放牧，所以每一个牧民都想尽可能增加自己的牛羊数量；然而牧场的承载量是一定的，随着牛羊数量无节制地增加，牧场最终因过度超载而成了不毛之地。

这一理论很快被经济学家特别是新制度经济学派的学者们引用。他们认为，如果一种资源没有排他性的所有权，就会导致对这种资源的过度使用。因此“公地悲剧”的表现形式多为对公共品（Public Good）的肆意掠夺式使用。在现代经济学中，公共品是指具有消费或使用上的非竞争性和受益上的非排他性的产品。非竞争性是指一些人对这一产品的消费不会影响另一些人对它的消费；非排他性是指某些人对这一产品的利用，不会排斥另一些人对它的利用。

按照诺思（Douglass North）、德姆塞茨（Harold Demsetz）等新制度经济学学者的观点，要实现资源的有效配置与利用，首先必须实现资源产权明晰化。产权不明晰产生了一些独立于市场体系之外，不受市场规则约束的外部效应。非市场化的结果，再加上有

“经济人”的自利性引起的短视行为，使资源被侵占和破坏，造成资源的浪费和生态环境的破坏。要使资源得到有效的利用，其途径是将公有产权中的非排他性产权转向排他性产权。对可明晰产权的资源，应当确定和实施专有的、明晰的产权，这样，独立的行为者利己的行动将足以保证产生高效率的结果。

我认为，在有些时候，界定产权是必要的。譬如“竭池求珠”，这个池塘的产权是缺乏明确界定的或者说它的产权缺乏保护，“王”让“竭池求珠”，臣子们只好执行；如果池塘为私人拥有，产权有足够的保障，或许不会采用“竭池求珠”措施，或者事先在珠宝与池鱼之间做出选择。

在现实经济生活中，不仅池塘，乃至土地、矿产、海洋等几乎所有的自然资源，如果产权缺乏明确的界定，也可能出现“竭池求珠”式的公地悲剧。据有关报道，河北省某县虾池占地权属关系一度很混乱，直接后果是：非法转租转包现象严重，大约35%的虾池几易其主。养虾者缺乏投资的积极性，于是经营粗放，养虾设施老化，环境恶化，生产带有投机性。该县针对这种状况，采取了以下改革举措：将虾池占地使用权面向全社会公开拍卖，以2000年为基期年，将使用期延长到30年。这种方式大大提高了广大虾农投资的积极性，年久失修的虾池焕然一新，经营方式也由粗放转向集约，当年对虾产量达1600多吨（参见刘正山《“圈地运动”与“反向公地灾难”》，《中国土地》2003年第11期）。

可见，在一些情况下，对于公共品或资源的使用者而言，产权制度安排不同，人们在决策中是否选择短视的行为是不同的。如果人们拥有产权，就会长远安排自己的行为；相反，如果人们不拥有产权，或者所拥有的产权缺乏保障，则会采取“杀鸡取卵”或“竭泽而渔”的行为。

不过，产权“明晰”不等于“私有化”。公地悲剧能更容易地推导出私产确立的合理性。于是，最近几年出现了流传很广而且极具迷惑性的观点，即认为中国的土地、矿产等资源为公有（国有和集体所有），而公有意味着所有权主体缺位，也就是说所有权的主人不能追溯或量化到具体人头。所以，要明晰公有产权，首先需要解决的是确定所有权人，也就是要搞私有化。如美国耶鲁大学金融学教授陈志武在《农地私有化后结果不会比现在糟》（《上海证券报》2008年10月20日）中说：中国私有化“时机已成熟”，“如果不通过土地私有等改革尽最大可能发挥农民自然的责任感，让个人的空间尽可能达到最大，那么农民没有别的选择，只能事事靠国家，也只能事事怪国家。”

我个人对私有、公有并无任何的偏见，只是觉得那种将产权明晰等价于私有化的观点有些似是而非。1986年诺贝尔经济学奖获得者布坎南曾经说过，公地悲剧的分析，虽然让人们了解产权明晰界定的必要性，但减少了人们相互之间的依赖性，进而无法解释人们为何加入共同体，也忽略了产权界定后如何保障权利的有效实施。很容易想象，没有秩序监督的产权划分，产权所有者相互都有动力去侵犯另一方的权利。

事实上，单就产权界定问题而言，更为重要的是除所有权之外的产权（不等于使用权）的界定，所有权在名义上归谁所有并不重要，重要的是使用者是否拥有专有的使用权、收益权以及转让权。如果这些权利界定确切，并能够保障实施，则资源利用效率必将大为提高。来自陕西某地的一则报道说，那里将荒山坡都承包给了农民，农民拥有50年的使用权，在承包期间，得自荒山的收入归农民自己所有。于是农民们一改往日粗放经营、过度放牧的做法，开始注意保护荒地上的草情，根据草量多少来放牧。这不仅延缓了以往草地的退化和荒漠化的速度，而且昔日荒凉的山坡逐渐现出遍野的翠绿。而实际上，在荒山坡产权变换的前后，土地的所有权在名义上都是归集体所有，但土地的利用效率却在产权转换之后大大提高了。其实，即使在世界公认的土地利用效率最高的地区之一的香港，在1997年7月1日以前，其土地所有权相当于国有（即归英王所有），若要严格地追溯，所有权主体也是不明确的（参见刘正山《“圈地运动”与“反向公地灾难”》，《中国土地》2003年第11期）。

当然，界定产权并非解决“竭池求珠”式的公地悲剧的唯一途径。实际上，提出公地悲剧的哈丁本人就曾说过，他的理论经常被人误读，应该改名叫“缺乏管理的公地悲剧”（The Tragedy of the Unregulated Commons）。哈丁认为，如果对公地加以管理，就可以避免悲剧的发生。哈丁曾经提出3种解决方案，分别是加强管理（Regulation）、污染者承担（Polluter Pays）原则和私有化（Privatization）。

关于私有化（Privatization）问题，我在前面已经讨论过，结论很简单：其实不必非要那种名义上的私有，只需要明确界定产权，让使用者有充分保障的使用权、收益权与转让权即可。

至于污染者承担（Polluter Pays）原则，其实就是我们常说的“谁污染谁治理”。这主要应用于环保问题上。目前，许多国家的垃圾收费原则是“污染者承担”。这样，垃圾费不但按照量来提取，而且还按照毒性（污染程度）来提取。根据这个原则，垃圾量越大收费越高、垃圾毒性越高收费越高。这是一个很好的制度安排，可以推广运用到矿产资源开采等诸多领域。在经济激励机制下，资源的使用者（开采者）或者垃圾和污染排放者会发现，他们要对自然造成的每一点破坏或是消耗的每一点资源付出代价，这样他们就会有动力减少短视行为。

关于加强管理（Regulation）原则，经济学界往往持怀疑态度。不过，管理到位，确实能够减少公地悲剧。我给大家列举一个真实的案例：青藏高原特有的珍稀动物藏羚羊，是典型的公共资源，缺乏产权界定。1990 年大约有 100 万只，但由于多股偷猎势力介入，采用杀鸡取卵式的捕猎，到了 1995 年藏羚羊只有 7.5 万只左右。后来，西藏加大了对藏羚羊的保护，严厉打击非法捕杀藏羚羊犯罪活动，加强法制宣传和执法力度，使西藏境内藏羚羊种群数量增加到目前的 10 万只以上。

而今主流的公地悲剧解决之道，大致在哈丁总结的几条之中，归结起来不外乎政府与市场这两种解决办法。

不过，2009 年度诺贝尔经济学奖得主之一、也是第一位获得诺贝尔经济学奖的女经济学者奥斯特罗姆（Elinor Ostrom）通过对鱼类、草地、森林、湖泊和地下水等公共资源的使用管理情况的大量研究发现，某种社会规制机制可以让“公地”运作有效。

基于这些实例分析，奥斯特罗姆提出了“第三条道路”：即在政府与市场之外自我组织起来的社区，亦即公民自治。也就是说，公共资源的占用者自己设计基本操作规则，创立各种组织对他们的公共池塘资源进行管理，并参照他们以往进行规则制定的经验，以及随着公共池塘资源环境的变化不断修改他们的规则。当然，规则实施和监督会耗费相当多的资源，但这些活动很少是“外部的”代理人完成的，大多是由占用者自己对规则进行有效的实施和监督。

例如，纳米比亚将很小比例的大象变成旅游中的狩猎资源，然后用狩猎收入来加大对大象的保护以及对潜在狩猎行为的防范和补偿。如果大象进入居民领地，践踏庄稼，那么大象的受益权将同该居民分享。在没有这一互动和分享的机制前，居民倾向于用猎枪将闯入领地的大象当场击毙。

通过分析分布在世界各国的具有代表性的案例，包括瑞士和日本的山地牧场及森林的公共池塘资源，以及西班牙和菲律宾群岛的灌溉系统的组织情况等等，奥斯特罗姆总结和界定了公民自治或自主治理的八项原则。(1) 清晰界定边界。有权从公共池塘资源中提取一定资源单位的个人或家庭也必须予以明确规定。(2) 规定占用的时间、地点、技术或（和）资源单位数量的规则，要与当地条件及所需劳动、物资或（和）资金的供应规则保持一致。(3) 集体选择的安排。绝大多数受操作规则影响的个人应该能够参与对操作规则的修改。(4) 监督。积极检查公共池塘资源状况和占用者行为的监督者，或是对占用者负责的人，或是占用者本人。(5) 分级制裁。违反操作规则的占用者很可能要受到其他占用者、有关官员或他们两者的分级的制裁，制裁的程度取决于违规的内容和严重性。(6) 冲突解决机制。占用者和他们的官员能迅速通过低成本的地方公共论坛，来解决他们之间的冲突。(7) 对组织权的最低限度的认可。占用者设计自己制度的权利不受外部政府权威的挑战。(8) 分权制企业。在一个多层次的分权制企业中，对占用、供应、监督、强制执行、冲突解决和治理活动加以组织。

上述“原则”实际上是一些条件，它们有助于说明这些制度在维持公共资源、保证占用者世世代代遵守所使用的规则中的成功原因。这些原则能够影响激励，使占用者能够自愿遵守在这些系统中设计的操作规则，监督对规则的遵守情况，并把公共池塘资源的制度安排一代一代地维持下去。

当然，现实生活中，具体情况千差万别，需要有选择地运用学术界提出的种种解决途径，并应当有所变通。

不过，无论如何，有一点是可以肯定的：只要采用合适的制度安排，“竭池求珠”式公地悲剧是可以缓解或避免的。

从“大瓠之用”看创新

“大瓠之用”这则寓言原意是说，事物不同的使用方式，会产生不同的效果。在经济学家看来，“大瓠之用”充满了创新的思想。

《庄子·逍遥游》有一则寓言，名为“大瓠之用”。原文并不长，抄录如下：

惠子谓庄子曰：“魏王贻我大瓠之种，我树之成，而实五石。以盛水浆，其坚不能自举也。剖之以为瓢，则瓠落无所容。非不呺然大也，吾为其无用而掊之。”庄子曰：“夫子固拙于用大矣……今子有五石之瓠，何不虑以为大樽，而浮于江湖，而忧其瓠落无所容？则夫子犹有蓬之心也夫！”

这段话译为白话文，大意为：

惠施对庄子说，魏王送我大葫芦的种子，我把它种下去，结出五石大的葫芦。用它来盛水或浆吧，它的坚硬程度还不能保全自身；剖开来做瓢吧，可葫芦太大没处可以存放。它不是不够大啊，但我因为它没有用，就把它打碎了。庄子回答说：

"你实在是不善于使用大东西啊。你有五石容积的大葫芦，怎么不考虑用它来制成腰舟，而浮游于江湖之上，却担忧葫芦太大无处可容？看来先生你还是心窍不通啊！"

"大瓠之用"这则寓言原意是说，事物不同的使用方式，会产生不同的效果。在经济学家看来，"大瓠之用"充满了创新的思想。

创新（Innovation），简单地说就是利用已存在的自然资源创造新东西的一种手段。1912 年，美籍经济学家熊彼特（J. A. Joseph Alois Schumpeter，1883—1950）在《经济发展概论》中提出：创新是指把一种新的生产要素和生产条件的"新结合"引入生产体系。它包括五种情况：引入一种新产品，引入一种新的生产方法，开辟一个新的市场，获得原材料或半成品的一种新的供应来源。熊彼特的创新概念包含的范围很广，如涉及技术性变化的创新及非技术性变化的组织创新。

由此可见，"创新"不仅仅指新技术的发明与应用，也包括对某种产品、技术或知识等的新功能、新作用的发掘和应用。看似"无用"的"大瓠"，被用来制作"大樽"（腰舟），无疑是熊彼特所说的"新产品"，也可视做"大瓠"的新作用或功能的挖掘与应用。

实践中，限于认识能力的不足，人们往往难以完全认识某种产品、技术或知识等的各种作用。以激光为例，它最初只是高能物理学研究所发现的一种物理现象。但后来却发现激光活动可以在包括气体、液体和固体的很多材料中发生。这一能力的用途一直在增长，而且会在很长一段时间内继续增长下去，正如 1831 年法拉第发现了电磁感应原理后人们花了很多年来研究电力的使用一样。在今天，激光是精密测量、航海仪器和化学研究的首要工具，与此同时，它还被广泛应用于 CD 刻录、视网膜与胆囊手术以及激光打印等各个领域。在纺织工业中，激光将上百层的布料切割成设计好的形状，在冶金和合成材料方面，它也在执行着同样的功能。激光的这些功能是逐渐被人们所“开发”出来的，谁也预见不到它还会有什么新的“表现”。

当然，上述所说的，基本上是我们本来就认为“有用”的技术、产品等。现实生活中，有大量的类似“五石大的葫芦”这样看似无用的“废物”。它们是否也有“可用的用途”？

按照循环经济学的思想，“废物”是放错了位置的“资源”。也就是说，“万物皆有用”。每件事物都有它的用处，每一个人也都有他的特长，“废物”是因为你没有看到它的用途所在。在惠子手中“无用而掊之”的“大瓠”，到了庄子手中却成为“浮于江湖的大樽”。这种思想，印证了“废物是放错了位置的资源”的思想。

读者或许对下面这个故事（引自《北京晚报》2006年5月23日）不陌生：

1974年，美国政府为清理给自由女神像翻新扔下的大堆废料，向社会广泛招标。但没有人投标，没有人对这些“垃圾”感兴趣。一个正在法国旅行的犹太人听到这个消息，立即终止休假，飞往纽约。看过自由女神像下堆积如山的铜块、螺丝和木料后，他不发一言，当即与政府部门签下了协议。消息传开后，纽约许多运输公司都在偷偷发笑，他的许多同僚也认为他的这一举动实乃愚蠢至极。当这些人都在等着看笑话的时候，他已开始组织工人对废料进行分类整理了。他让人把废铜熔化，铸成小自由女神像，旧木料则加工成底座，废铜、废铝的边角料则做成纽约广场图案的钥匙形饰物。他甚至把从自由女神像身上扫下的灰尘都包装起来，出售给花店。结果可想而知，这些废铜、边角料、灰尘都以高出它们原来价值的数倍乃至数十倍卖出，且供不应求。不到3个月的时间，他让这堆废料变成了350万美元，每磅铜的价格整整翻了1万倍。

现实生活中，创新是唯一有竞争力的资源。20世纪对企业的市场竞争力的判别，有一种说法是：60年代看成本、70年代讲质量，80年代强调产品投入市场的速度，90年代突出服务。进入21世纪的知识经济时代，创新成为发展进步的灵魂。

然而，一切创新皆有风险。庄子能想到的创新，惠施未必能想到。惠施并非不想“创新”，他试图用五石大的葫芦。盛水或浆，可是它的坚硬程度还不能保全自身；将它剖开来做瓢，可葫芦太大没处可以存放。由于惠施没有找到葫芦的用处，只好把它打碎了。这是一个失败的创新案例。

惠施的创新是不成功的，失去的只是葫芦。可是，现实生活中，在某些情况下，创新是一场风险极大的“赌博”。创新，需要大量的研发投入，需要科研院所的基础研究等。一旦创新成功，公司可以从中获取不菲的利润。可一旦失败，血本无归。美国著名作家马克·吐温（Mark Twain，1835—1910），一度热衷于对各类新生事物进行投资，他曾投资一台名为“佩吉”（Paige）的自动排字机，这项技术不但没有成功，反而随着出版业的萧条吞噬了马克·吐温所有的资产，他在给一个出版界朋友的信中写道：“我一生从未如此绝望过，因为我从来没有从我的名字中赚到一分钱。”

正是由于创新存在着巨大的风险，维护创新的激励机制显得很重要。如保护知识产权，维护创新者的利益，就是对创新者的正向激励。创新特别是有些发明创造，较容易被模仿。那么，张三辛苦耗费数年精力、花费无数资金，创造出一种新产品，李四或许用不到一个月的时间便模仿去了。如果张三的创新得到保护，如申请专利，具有排他性，那么，李四生产这种产品的时候，需要向张三支付一定的费用，这对张三而言，是一种额外收益，也或者说是对其前提研发投入的一种补偿。这对于那些创新者而言，是积极有效的激励。

而今，多数国家认识到维护创新的激励机制的重要性。在中国，对科技创新以及知识产权等的保护比较重视，国家先后出台了一系列的法律法规。不过，对于有些创新方式却重视不够，甚至个别部门阻碍创新。典型的案例是所谓"中国IP电话第一案"。

据说，IP电话软件是以色列一家公司开发出来的，1995年就推向了市场。在中国，1997年3月，福州马尾区市民陈锥通过因特网下载了这个IP电话软件net2 - phone，他将自己组装的586兼容机与住宅电话通过调制解调器连接在一起设置成IP电话。10月，陈锥和他弟弟陈彦申请了一部公用电话，将公用电话设置成IP电话，开始对外经营长途电话业务。

12月22日，福州马尾电信局柯副局长检查公用电话时，告诉陈锥不能利用因特网电话对外从事国际长途服务，陈锥于是就停止了因特网电话业务。12月23日，福州市电信局向福州市公安局马尾分局报案称：电话用户陈彦利用微机互联网通话软件，对外开办国际长途电话业务，按挂发不同国家、地区每分钟收取6—9元通话费不等，违反了长途通信业务和国际通信业务由邮电部门统一经营的规定，严重损害了国家和邮电企业利益，扰乱了电信市场秩序，也给国家安全带来了严重威胁，请求立案侦查，依法追究刑事责任。

1998年1月，福州马尾公安分局先后两次传讯了陈氏兄弟并"暂扣"其人民币5万元和一台电脑。陈氏兄弟不服，于1998年5月20日起诉马尾公安分局，引发了"中国IP电话第一案"，并使IP电话在中国的发展问题成为媒介的焦点。

1999年1月20日下午4点，福州中级人民法院裁定陈锥兄弟胜诉，IP电话不属电信专营。

就在福州中级人民法院作出IP电话不属电信专营的裁决的第二天（1月21日），国家信息产业部电信管理局有关人士明确表态：IP电话确属电信专营。

就在福州的IP电话案后不久，各大国有电信公司均推出了IP电话，并在全国呈燎原之势。而创新IP电话的陈氏兄弟，却没能享受到创新的收益。

可见，创新的激励机制很重要。惠施的失败创新，抑或福州陈氏兄弟的成功创新，都应该得到激励。当然，鼓励创新，不仅要从口头上重视，也不能仅仅在纸面上的法规上重视，更要落到实处，用实际行动来鼓励和支持创新。

“纣为象箸”的经济学寓意

从实证的角度看，“纣为象箸”首先告诉我们一种规律：消费是链式的，而非孤立的。“纣为象箸”给我们的另一个启示是，分析问题需要科学的分析或推测方法。

《韩非子·喻老》讲述了一个名为“纣为象箸”的寓言故事，原文为：

昔者，纣为象箸，而箕子怖。以为象箸必不加于土铏，必将犀玉之杯。象箸玉杯，必不羹菽藿，则必旄象豹胎；旄象豹胎，必不衣短褐而食于茅屋之下，则必锦衣九重，广室高台。吾畏其卒，故怖其始。居五年，纣为肉圃，设炮烙，登糟邱，临酒池，纣遂以亡。

上述故事，翻译成白话文，大意是：

从前，纣王制作了一副象牙筷子，太师箕子非常担忧，认为使用象牙筷子一定不会在陶制器皿里使用，一定会配合使用犀牛角杯或玉杯；象牙筷玉杯一定不会用于吃豆类食品熬的浓汤，一定要去吃牦牛、大象、豹子的胎儿；吃牦牛、大象、豹子的胎儿就一定不会穿粗布短衣，不会在茅屋下面食用，就一定要穿多层的织锦衣服，住上宽敞房屋和高台。箕子害怕结果严重，所以为这样的开端担忧。过了五年，纣王摆设肉林，建炮烙之刑，登上酒糟山，俯临酒池，他因而丧身。

按照主流的观点，这则寓言揭示的是“见微而知著”的道理，说明了事物是发展变化的，相互联系的。明智的人们往往可以从事物的开端预见到事物的发展甚至结局。它告诉我们人要严格要求自己，即使是在小事上也不能过度放纵自己，要学会“防微杜渐”。

从经济学角度看，我认为，“纣为象箸”的意义不止于此。通常而言，经济学家偏好实证，较少下价值判断。从实证的角度看，“纣为象箸”首先告诉我们一种规律：消费是链式的，而非孤立的。就如汽车一样，没有道路，汽车消费是无效的。所以，买了车，必然要配套相应的道路。

在经济学上，这种规律被称为“狄德罗效应”。这个用词的来源，也有一个类似“纣为象箸”的传说。据说，18 世纪，法国有个哲学家叫丹尼斯·狄德罗（Denis Diderot，1713—1784）。一天，朋友送他一件质地精良、做工考究、图案高雅的酒红色睡袍。狄德罗非常喜欢，可他穿着华贵的睡袍在家里寻找感觉时，总觉得家具颜色不对，地毯的针脚也粗得吓人。于是为了与睡袍配套，他把旧的东西先后更新，书房终于跟上了睡袍的档次，可他仍觉得很不舒服，因为“自己居然被一件睡袍胁迫了”，于是他就把这种感觉写成了一篇文章《与旧睡袍别离之后的烦恼》。200 年后，美国哈佛大学经济学家朱丽叶·施罗尔在《过度消费的美国人》一书中，把这种现象称为“狄德罗效应”，中国也有人称之为“配套效应”。当然，用中国的一句俗话讲，这不过是：“好马配好鞍。”

从理性的角度看，科学的决策必须考虑“狄德罗效应”（或

“好马配好鞍”）信条，否则，容易遭遇困境或失败。举例说，《扬子晚报》2005年2月23日报道说，由于海口市港澳旅行社与文华大酒店的一场经济纠纷，100余名来自四川和浙江的农民工住进了海南省海口市五星级的文华大酒店。但因老板兑现福利承诺而合法入住的农民工们却在酒店里到处遭遇异样的眼光，农民工们也感觉“像做贼一样，浑身不自在”。为什么呢？农民工虽然入住了五星级酒店，但是，并没有相配套的衣着、谈吐、饮食以及习惯，他们自然是“浑身不自在”了。所以，在现实生活中，“养蚕人”不身着自己生产的“罗绮”（张俞《蚕妇》云：“昨日入城市，归来泪满巾。遍身罗绮者，不是养蚕人”），农民工不入住自己建造的五星级酒店，建筑设计师不购买自己设计的别墅，都是习以为常的事情，不必“归来泪满襟”。

“纣为象箸”给我们的另一个启示是，分析问题需要科学的分析或推测方法。比如说，经济学研究消费者行为，很重要的一个概念是“偏好”（Preference）。偏好是所有消费组合在消费者心目中的排序。比如张三喜欢萝卜，李四喜欢白菜，王五则喜欢土豆。显然，消费者偏好的差异是人们形成不同消费决策的重要原因。

这个道理很好理解，运用起来并不容易。俗话说，“人心隔肚皮，做事两不知”，你怎么知道一个人或者一个市场的偏好？为此，美国第一位获得诺贝尔经济学奖的学者保罗·萨缪尔森（Paul A. Samuelson，1915—2009）提出显示性偏好理论（Revealed Preference Theory），其基本思想是：消费者在一定价格条件下的购买行为暴露了或显示了他内在的偏好倾向。因此我们可以根据消费者的购买行为来推测消费者的偏好。这是一种不基于“偏好关系（效用函数）——消费者选择”的逻辑思路，而是一个相反的过程，即“消费者选择——偏好关系”。换句话说，消费者的消费习惯可以显示他们的喜好。假设某甲有两个消费选择：买两个苹果和三根香蕉，或者买三根香蕉和两个苹果。如果两个选择的费用一样，而他选了前者，那就表示某甲喜欢前者多于后者。然后，这显示前者永远都较后者受欢迎。如果该消费者买后者，就一定是他负担不起买前者的费用。

“纣为象箸”的寓言故事中，箕子的分析方法与萨缪尔森所说的“显示性偏好”理论大致相似。或许，以前纣王使用木头或者竹子做筷子，可是，这一次，他改用象牙做筷子。那么，这传递出一种信号：纣王的偏好已经改变，他开始偏好炫耀性商品。

这里有必要向非经济学专业的读者略微介绍一下经济学对物品的划分。在经济学上，物品可大致分为两大类：炫耀性商品和非炫耀性商品，非炫耀性商品只能给消费者带来物质效用，而炫耀性商品既能给消费者带来物质效用又能给消费者带来虚荣效用。木筷子或竹筷子是一种非炫耀性商品，只能用来就餐。但是，象牙筷子不仅可以用来就餐，还显示了主人的身份和地位。美国经济学家凡勃伦（Thorstein B. Veblen，1857—1929）认为，个人对虚荣效用的追求总是导致社会浪费，因为一个人从炫耀性商品中所得的虚荣效用正是另一人所失去的效用，因而一切用于追求虚荣效用的资源都被浪费性地消耗了。

在纣王所处的那个“自然经济”时代，整个社会的物资不够丰富，社会物品以非炫耀性商品为主，人们过着自给自足的生活。如果王室大举消费炫耀性商品，只能变本加厉地从民众那里征集物资和税收。那么，整个社会的负担急剧增加，导致民不聊生，这样的政权显然难以持久维持。箕子正是从纣王偏好的改变，结合当时的生产力状况，做出了合理推断。

“智子疑邻”：信号传递方式的重要性

信息经济学主要强调信息的甄别（Screening）与传递（Signaling），行为经济学强调信息传递方式对人们风险态度的影响。韩非子则囊括了二者的主要观点。

《韩非子·说难》讲述了一个“智子疑邻”的寓言故事，原文为：

宋有富人，天雨墙坏。其子曰：“不筑，必将有盗。”其邻人之父亦云。暮而果大亡其财，其家甚智其子，而疑邻人之父。

这段话译为白话文，即：

宋国有一个富人，因天下大雨，他的墙坍塌下来。他儿子说：“如果不赶紧修筑它，一定有盗贼进来。”隔壁的老人也这么说。可富人不听他们的话。这天晚上，富人果然遭窃，丢失了大量财物。富人很赞赏儿子的聪明，却怀疑偷盗者是隔壁的老人。

中学语文教科书引述了这个寓言故事。教科书说，这个寓言故事告诉我们的道理为：如果不尊重事实，只用亲疏和感情作为判断是非的标准，就会主观臆测，得出错误的结论，说不定害了自己。从邻居家的老人的事例，告诉我们给别人提意见，要尽量用能让别人欣然接受的方式。同样的事一但发生在不同人身上却不同对待，这是不正确的。做人做事要公平，实事求是。

我认为，教科书的解说泥沙俱下。这则寓言原本是用来作为论据，说明进言之难的。韩非子在《说难》这一章节开宗明义，说“凡说之难：非吾知之有以说之之难也，又非吾辩之能明吾意之难也，又非吾敢横失而能尽之难也。凡说之难：在知所说之心，可以吾说当之”。也就是说，大凡进说的困难：不是难在我的才智能够用来向君主进说，也不是难在我的口才能够阐明我的意见，也不是难在我敢毫无顾忌地把看法全部表达出来。进说的困难在于了解进说对象的心理，以便用我的说法适应他。

摆出此观点之后，韩非子展开论证：进说对象追求美名，却用厚利去说服他，就显得节操低下，必然受到抛弃和疏远。进说对象追求厚利，却用美名去说服他，就显得没有心计而又脱离实际，必定不会被接受和重用。进说对象暗地追求厚利而表面追求美名的，用美名向他进说，他会表面上使用而实际上疏远进说者；用厚利向他进说，他会暗地采纳进说者的主张而表面上疏远进说者。

此后，韩非子介绍了十三条进言的办法，供人参考。接着，他以两个故事作为论据（或案例）。第一个故事是“郑武公伐胡”，第二个就是本文所讨论的“智子疑邻”。

为了更准确把握韩非子的本意，先介绍一下“郑武公伐胡”的故事：从前郑武公想讨伐胡国，故意先把自己的女儿嫁给胡国君主，然后问群臣：“我想用兵，哪个国家可以讨伐？”大夫关其思说：“胡国可以讨伐。”武公大怒，杀了他。武公说：“胡国是兄弟国家，你说讨伐它，是何道理?”由此，胡国君主认为郑国真心与自己修好，于是不再加以防备。可是，后来郑国偷袭并攻占了胡国。

讲完“郑武公伐胡”，韩非子接着讲“智子疑邻”，然后下结论说：关其思和这位老人的话都恰当，而重的被杀，轻的被怀疑；那么，不是了解情况有困难，而是处理所了解的情况很困难。

行文至此，不难发现，韩非子的“智子疑邻”本来是想告诉我们，必须把握进言对象的心理，据以选择进言的方式，否则，“后果很严重”。

这种现象是普遍存在的。我给大家举一个比较现代的故事：詹姆斯·赫顿，这个被后世称为“现代地质学之父”的人，四卷巨著《地球理论：证据与解释》由于语言表达“艰深”，甚至让人“不知所云”，第三卷直到他去世102年之后才出版，第四卷则根本没有出版。当然，这些书在当时并无任何人关注。直到赫顿逝世5年后，他的好友、爱丁堡大学数学教授约翰·普莱费尔推出了赫顿学说的简写本。这个写得一手漂亮文章的人，将简写本命名为《关于赫顿地球理论的说明》。这本书对查尔斯·达尔文产生了深远影响，后者最终提出了“进化论”。因为普莱费尔的帮助，赫顿的学说在他去世30年后开始被科学界所接受，并最终成为现代地质学的理论基础（《中国青年报》2009年2月25日）。

当然，本文并非“翻案”，我其实想说，韩非子可算做一位伟大的信息经济学家（或行为经济学家）。

现在经济学对于信息的认识较晚。2001年度诺贝尔经济学奖得主斯宾塞（A. Michael Spence），1973年从哈佛大学毕业时，其博士论文《劳动市场的信号》，才讨论信号传递问题。他的贡献在于揭示了在一定的条件下，拥有信息优势方会向劣势方发送相关信号，以克服逆向选择问题，改进市场运行状况。这比韩非子晚了近两千年。至于行为经济学，比信息经济学还要晚。

在当前经济学界，信号传递（Signaling）非常重要，这基本上是共识。道理很简单，信息不对称是基本的现实，人与人之间的交往，无不存在信息传递问题。比如毕业生找工作，通过文凭和各种证书传递信息，表明自己的优秀。因为，用人单位并不知道你是否优秀，单靠面试提问，那些善于表达但没有真才实学的人可能被选中，真正有才干却不善于表达的人可能被淘汰。如果采用试用的办法，花费的成本太高，于是，退而求其次，以文凭和各种证书作为信息甄别（Screening）手段。不过，这说的是一般情况。不同的单位，偏好不同。供不应求的时候，简历多得难以挑选，有的人力资源部经理则挑选那些写的简明扼要的求职书，则你证书虽然多，材料虽然丰富，可能反而不受重视。

所以，按照信息经济学的理论，达成一项交易或实现交往，发送信息（信号）者首先要分析信息接收者的禀赋，也就是物理学上所说的“介质”。就好比声音，在空气中传递的速度快于水中，在热水中传递的速度快于冷水，等等。所以，信息接收者，因为文化、知识、年龄，性别、当时的情绪等因素而展现出不同的特征，你应当根据这些情况，选择合适的表达方式。表达方式（包括时机）不对，没有将信息传递出去，反而让人误解。或者说，自己认为表达没问题，可是对方没法接收这个传递的信息，信息的传递就会失败。

行为经济学更强调信号传递方式的意义。行为经济学家卡纳曼（Daniel Kahneman）提出的“措辞效应”（Framing Effect，一般译为框架效应）告诉我们：问题以何种方式呈现在行为人面前，会在一定程度上影响人们对于风险的态度。面对同样预期效用的确定收益与风险收益，如果行为方案是收益的，行为人会选择确定收益，即呈现出一种风险规避；然而，面对同样预期效用的确定损失和风险损失，如果方案是代表损失的，行为人会选择风险损失，即呈现一种风险爱好。假设讨论甲型 H1N1 流感的防治方案，有一个地方总共有 600 名居民，其中 400 人不幸死亡。方案 A，保证有 200 人幸免于难；方案 B，保证总人口中的 1/3 幸免，其余 2/3 死亡。卡纳曼发现，大多数人都倾向于选 A。尽管实际上这两种方案的结果是一样的，但因为方案 A 的表达方式是正面的，而方案 B 则涉及负面，于是就导致了不同的反应。

综合分析，信息经济学主要强调信息甄别（Screening）与传递（Signaling），行为经济学强调信息传递方式对人们风险态度的影响。韩非子则囊括了二者的主要观点。

韩非子的“智子疑邻”明确指出，进言最关键的环节就是了解进说对象的心理，以便用自己的说法适应他。用现代经济学术语讲，前者是信息甄别（Screening），后者则是信号传递（Signaling）。当然，韩非子的信息甄别，包含了行为经济学的“措辞效应”等原理，譬如“智子疑邻”，那位富人的儿子与邻家老人说了同样的话语，可由于从不同人口中表达出来，效果截然不同。这个寓言揭示的思想，甚至超越了“措辞效应”，因为后者只是论及同样结果不同表述方式带来不同行为，前者则不仅提出这一点，还提出，不同的信息传递者提出同样的表述，结果不同。如果愿意，你可以在《说难》中提炼很多经济学“效应”或“定律”。

难怪林语堂说：“半部韩非子治天下。”它不仅有学术价值，更具有很强的应用价值，与现代经济学的某些分析相比，它毫不逊色。

由“杨布打狗”看经济物品的区分

在经济学家看来，“杨布打狗”具有很深刻的含义。同样的经济物品，其他条件变了，一般不能认为是同样的东西。

《列子·说符》讲述了一个“杨布打狗”的寓言故事，原文为：

杨朱之弟曰布，衣素衣而出。天雨，解素衣，衣缁衣而返。其狗不知，迎而吠之。杨布怒，将扑之。杨朱曰：“子无扑矣，子亦犹是也。向者使汝狗白而往黑而来，岂能无怪哉?”

这段话译为白话文，大意是：

杨朱的弟弟叫杨布，有一天，他穿了件白色的衣服出门去。天下雨了，杨布把白色衣服脱下，穿着一套黑色的衣服回家来。他家的狗认不出杨布，就迎上去汪汪地对着他大叫。杨布非常恼火，拿了根棍子就要去打狗。杨朱看见了，说：“你快不要打狗了，你自己也会是这个样子的。假如你的狗出去的时候是白的，回来的时候变成黑的了，你能觉得不奇怪吗?”

在经济学家看来，“杨布打狗”具有很深刻的含义。同样的经济物品，其他条件变了，一般不能认为是同样的东西。一个人，一年前名叫张三，现在名字还是叫做张三，长相甚至也没有变化，但他已经不是一年前的那个张三了。大家都熟知吕蒙的故事吧？三国时代东吴的吕蒙，可说是一个博学多才的人，周瑜死后，他继任东吴的都督，设计击败了蜀汉的关羽。吕蒙本来是一个不务正业不肯用功的人，没有什么学识。鲁肃初次见他，觉得他没有什么可取的地方。鲁肃再遇见他时，发现他和从前完全不同，变得很有学问。鲁肃觉得很惊讶，开玩笑说：“现在，你的学识这么好，既英勇，又有谋略，再也不是吴下的阿蒙了。”吕蒙答道：“人别后三天，就该另眼看待！”（吕蒙的原话是：“士别三日，即更刮目相待。”）

由此，想想经济学中非常重要的需求定律便会发现，由于缺乏对物品的区分，不少学者存在误用。譬如，在证券市场上，当某只股票价格上涨的时候，购买的数量并不减少，反而上升。这种现象同需求定律所说的“价格与需求量反向变动”并不一致。于是，厉以宁、秦宛顺在《现代西方经济学概论》（1992 年版）第 13 页的“需求曲线的例外”这一小节称：“某些商品，小幅度升降价，需求按正常情况变动；大幅度升降价，人们就会采取观望的态度。需求将出现不规则的变化。例如，证券、黄金市场上就常有这种情况。这种情况下的需求曲线可能呈现下述状态或其他不规则状态。”这里所说的需求曲线所呈现的“下述状态”，在坐标图上（见图 2）表示就是，上半截向右上倾斜，下半截正常变动，即向右下角倾斜。

无独有偶，梁小民撰写的《西方经济学教程》（1993 年版）第 36 页，也开辟一小节——“需求定理的例外”：“在投机性强的市场上（例如，在证券市场和期货市场上），人们有一种‘买涨不买落’的心理，即价格上涨时反而抢购，价格下跌时反而抛出。这与人们对未来价格的预期和投机的需要相关，也可以作为需求定理的

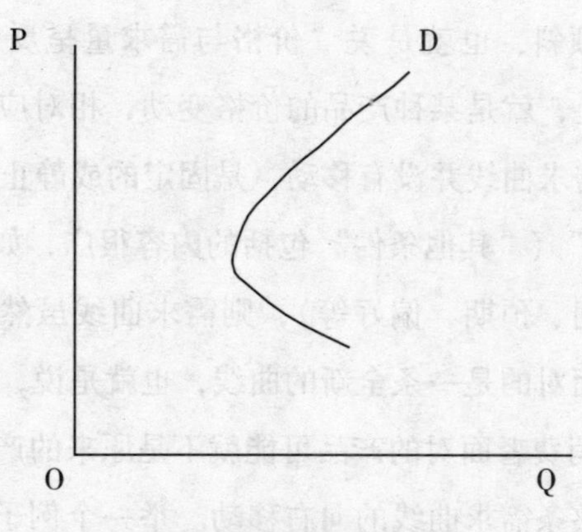

图2　需求曲线的例外

一种例外。”

如何解释厉以宁、梁小民等学者所列举的股票、黄金等“例外”现象？我在本书《“荆人涉澭”启示经济学方法论》一文中做了初步分析，这里进一步讨论。

一般教科书是这样定义“需求定律”的：假设其他条件不变（Ceteris Paribus），当物品价格下降（上升），人们会增加（减少）对该物的需求数量。

理解或应用需求定律，首先需要区分“需求”与“需求量”。正如诺贝尔经济学奖得主弗里德曼在题为《价格理论》的教科书中所强调的：“在需求理论上一个基本的区分是，区分在需求表意义上的需求和在需求量意义上的需求。混淆这两种意义的需求是有害的，举例说：（1）‘价格上升因而需求减少’。（2）‘需求增加因而价格上升’。这两句话分开看是清楚的，如果认为需求一词在两句话中具有相同的意思，则这两种说法显然是矛盾的。当然，实际并不是如此，在（1）中的需求指的是‘需求量’，在（2）中需求指的是‘需求表’。”

其次，再看“题设条件”。按照需求定律：（1）“其他条件不变”，就是说只考虑“价格”与“需求量”这两个变量，则需求曲线必定向右下倾斜，也就是说“价格与需求量呈反向变动关系”。反映在坐标图上，就是某种产品的价格变动，相对应而移动的是需求量，但整条需求曲线并没有移动，是固定的或静止的。(2) 如果“考虑其他条件”（“其他条件”包括的内容很广，如收入、相关产品的价格、时间、预期、偏好等），则需求曲线虽然依旧向右下倾斜，但消费者面对的是一条全新的曲线，也就是说，随着“其他条件”的加入，消费者面对的产品可能就不是原来的产品，反映在坐标图上，就是整条需求曲线的向右移动。举一个例子来说明：同样一台电脑，在不同地区或不同的商店，价格可能不同（即使撇开讨价还价因素）。为什么？因为不同的商店有高低不同的层次，不同的服务，不同的保证信誉等，把这些与电脑加起来，同样的电脑就变为不同的物品（也就是说，“价值”不同了）。

相同的道理，同样一只股票（A），价格上涨，买的人反而多了，是因为存在“其他条件”，比如说投资者预期该股票的价格还会上涨，有钱可赚。而正是因为“投资者预期”这个“其他条件”的加入，虽然投资者面对的还是同一只股票，但它在实质上已经不是先前的那只股票了，是价值不同的股票（B）。这好比没有读书的吕蒙与读书之后的吕蒙的区别。

表现在坐标图上（见图 3），就是需求曲线的向右移动，也就是说，是“需求”的变动，而不是“需求量”的变动。既然“需求”变动了，均衡价格也会发生变化，假设从 P_1 移动到 P_2，那么，这个时候消费者面对的是两个均衡价格、两个均衡点、两条需求曲线。

但是，厉以宁、梁小民等学者将这两个（可以增加到无数个）均衡点连接起来，形成一条向右上方倾斜的直线或曲线，并将此线误以为是需求曲线。而实际上，这种情况下的每条需求曲线，已经变成了离散的“点”，而不是“线”。

分析到此，本来是可结束本篇内容的。但我想起另一个重要的

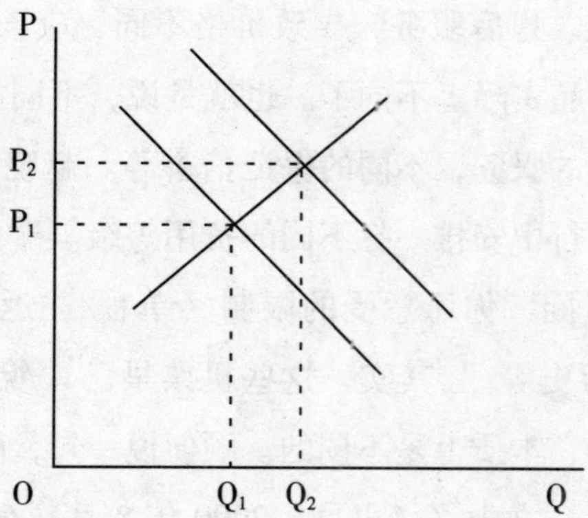

问题，即“Price Discrimination”，一般被翻译为“价格歧视”，即，就同一规格的产品，向不同的客户收取不同的价格。

我的一位朋友、北京科技大学教授赵晓曾经撰写了一篇题为《“彻底的市场经济的确是无耻的”》的文章。按照文中的交代，这个观点来自另一位博士巴曙松，原文为：“为了提高效益，中国银行曾邀请国际一流的顾问公司进行客户咨询，他们的建议是：全球范围内看，银行客户的80%左右是不能给银行带来综合收益的，只有20%左右的客户能够给银行带来效益。因此，他们的建议是：重点为20%的客户提供优质服务。至于那80%呢，要么加收形形色色的手续费，要么不花费过多的人工来伺候你，是否选择在本行服务悉听尊便。从这个意义上说，国内对于大多数客户一视同仁的服务，正是商业化程度不够的表现。看来，彻底的市场经济确实是无耻的。”赵晓说：“巴君的话令我茅塞顿开”，并进一步用“价格歧视”原理进行分析，认为这是企业单纯的“追求利润最大化的行为”，并举出航空公司等例证。

我认为，赵晓似乎没有完全弄清楚“价格歧视（Price Discrimination）”的内涵。判断某种行为是否为“价格歧视”，需要具备前提条件：商品相同。不同地区，不同商店的价格不同可能是价格歧视，也可能不是，不能一概而论。不同商店，如果商品相同，但是提供不同的售前、售后服务，导致价格不同，应该不是价格歧视，因为你获得的商品实际上不同了。也就是说，不同的商店有高低不同的档次，不同的服务，不同的保证信誉等。赵晓说："航空公司经常在某一次飞行中安排一打不同的费用等级。譬如，你的费用取决于你订票的时间，你愿意受的限制（单程/往返，何时往返等）以及你的飞行历史等。"其实，这些机票早已"貌合神离"。附加不同条件的机票，本质上是不同的。顺便说一句，薛兆丰在《为什么要价格歧视》一文中（《书城》2000 年 8 月）列举的如："超级市场里，顾客出示会员卡或积分券，便能买到便宜货；提前半年通过旅行社预定的机票价格，与即买即走的机票价格相比，可以相差好几倍；日本汽车远销到美国，竟然比在日本本土的售价还要低廉；餐厅里同样的一客饭菜，如果客人是最近一个星期曾经光顾过的，就可以打个八折；两个学生即使成绩相当，但贫穷学生却可以得到助学金，实际上是缴交了较低的学费……"其中有一半不属于"价格歧视"。

此外，成本不同的产品，是不同的产品。完全一样的产品，同一卖家，其成本却可能不相同。而由于成本不同，向顾客索取不同的价格，这也不是价格区别。打长途电话，繁忙时间的收费是较高的，是因为卖家的机会成本较高。

价格安排不相同的产品，也可能是不同的产品。甲使用信用卡，等到要算利息的前一天付款；乙使用同样的信用卡，到期前两星期就先付了款。甲的费用比乙的低，这也不是价格歧视，因为甲乙二人的信用卡的收费安排都是一样。薛兆丰所说的"提前半年通过旅行社预定的机票价格，与即买即走的机票价格相比，可以相差好几倍"，就属于这种情况。

可见，如果你读懂了"杨布打狗"的寓言故事，那么你就能够深刻领会"需求定律"（张五常认为，经济学理论可一般化地演变为一招——"需求定律"），也能够区分"价格歧视"了。

“滥竽充数”不是南郭的错

南郭先生的成功，在于齐宣王听竽的制度设计有漏洞。齐湣王听竽的制度安排，让南郭先生无法再冒充，表明设计良好制度的重要性。

成语“滥竽充数”源自于《韩非子·内储说上》里的一个寓言故事，原文为：

齐宣王使人吹竽，必三百人。南郭处士请为王吹竽，宣王说之，廪食以数百人。宣王死，湣王立，好一一听之，处士逃。

这段话译为白话文，大意是：

齐宣王喜欢听吹竽，总是叫三百人一齐吹竽给他听。南郭先生请求为齐宣王吹竽，宣王很高兴。官仓供养的乐手有好几百人。齐宣王死后，他的儿子湣王继位。湣王也喜欢听吹竽，但他喜欢让他们一个一个地吹，南郭先生只好逃走了。

《新编成语词典》对这则寓言的解释为：“比喻没有真才实学

的人混在行家里充数；以次代好。有时也作自谦之词。”

主流的解释，在人们心目中形成了一种定向思维：一听到“滥竽充数”四个字，便会立即想到南郭先生没有真才实学，却冒充内行，不懂装懂，弄虚作假。

有的学者甚至撰写文章称，南郭先生是一个混饭吃的典型。他不学习，不劳动，靠欺骗过日子。这样的人虽然也能蒙混一时，但迟早要露出马脚。人应该用诚实的劳动（包括体力劳动和脑力劳动）为社会作出贡献。人的能力有大有小，但只要是尽了努力，就会受到社会的尊敬。如果像南郭先生那样，就会成为大家耻笑的对象。

但是，从经济学角度，我从“滥竽充数”中读出了一些不同的东西。

第一，南郭先生的行为属于正常

在经济学家看来，人性没有对与错。每个人都有采用机会主义行为的倾向。机会主义行为是指在信息不对称的情况下人们不完全如实地披露所有的信息及从事其他损人利己的行为。南郭先生的行为就是一种典型的机会主义行为，也可称为“逆向选择”。即是说，交易各方在签约时利用签约之前的信息不对称或隐瞒信息（The Suppression of Information），交易的一方掌握着交易的某些特性，而另一方却无法观察或试验，“王婆卖瓜，自卖自夸”，如隐瞒信息扭曲信息以签订利己的合同，故意扭曲事实真相、迷惑他人和浑水摸鱼。在这种条件下，掌握私有信息的一方就会利用对方的无知为自己谋取利益。

南郭先生在加入吹竽团队之时，知道齐宣王喜欢听三百人集体为其吹竽这个信息，而齐宣王并不知道南郭先生不会吹竽。在这种条件下，南郭先生掌握“私有信息”（Private Information），利用齐宣王的不知情为自己谋取利益。

类似的案例非常多。譬如，如果保险公司的保险费率提高时，健康者将不愿投保，而体弱多病者则积极参加人身保险。如果雇主难以判断工人的能力，能力差的工人就会夸张自己的本领。如果顾客无法鉴别质量，劣质产品就会冒充优质产品。如果招工只取决于学历，拥有同等学力甚至假学历的人就会“滥竽充数”等。

第二，南郭先生的成功，在于齐宣王听竽的制度设计有漏洞

齐宣王听竽的制度设计，至少有两个漏洞，一是选拔吹竽者缺乏考核环节。现如今，公司招聘员工之时，至少要看员工是否拥有一定的专业文凭和水准。但是，齐宣王选拔吹竽者，没有任何的考核。南郭先生一发出请求，齐宣王就答应了。

二是对团队缺乏管理。1972 年，阿尔钦（Armen Albert Alchian）和德姆塞茨（Harold Demsetz）提出团结生产理论，认为团队联合生产的性质不可能精确地分解和观测每个成员的个人贡献，这就给偷懒者提供了机会；比造成一次性外部负效应更糟的是将会影响到协作群中其他人的生产效率与投入，收入与贡献的不匹配将使团队成员都具有偷懒的激励与动机。按照张五常的说法，偷懒只是一种间接的表述方式，实质是劳动贡献的测度能力与成本问题。于是就有了一个问题，如何给团队生产的成员支付报酬，使之与生产率一致，从而刺激其工作制度安排就是一种独立的和选择性的激励机制。

南郭先生所在的这个吹竽者团队，显然没有绩效考核问题。既然“数百人”的吹竽队伍，大家收入差不多，会与不会的报酬一样，南郭先生何必去学习吹竽呢？何必吹好竽呢？

第三，齐湣王听竽的制度安排，让南郭先生无法再冒充，表明设计良好制度的重要性

信息不对称的市场，要有相应的制度建设，才能使它运行良好。虽然齐湣王没有考核南郭先生是否会吹竽，也或许他没有精力

考核，让南郭先生钻空子来混饭吃，但是，由于齐湣王听竽的这种制度安排，即让吹竽者一个一个地吹，南郭先生再无任何机会“搭便车”了。

齐宣王与齐湣王听竽的制度安排不同，结果截然不同，表明了制度设计的重要性。

在机制设计理论中，所设计的机制是否有效率，需要具备激励机制和约束机制。按照委托—代理理论，一个参与人（称为委托人）想使另一个参与人（代理人）按照他的利益选择行动，就需要确定一个激励合同。委托人根据这些观测到的变量来决定合同形式，以激励代理人选择对委托人最有利的行动。另一方面，委托人对代理人还有一个约束机制，规定事权的划分，制定科学的内控机制和合理的业务流程，保证代理人在授权的范围内，按照既定的程序来工作；保证代理人违章越权的行为能够被及时发现和有效制止；及时对代理人违规行为予以惩罚。

在听竽这种制度设计中，委托人就是齐宣王与齐湣王，代理人就是吹竽者，包括南郭先生等。激励机制，其实就是给予吹竽者的报酬。对于齐宣王而言，听竽制度只有激励机制（“廪食”），没有约束机制，比如对那些不会吹竽或者吹竽不合格者，没有相应的惩罚措施，于是，南郭先生大行其道，能够骗吃骗喝。

但是，齐湣王听竽的制度设计中，不仅有激励机制（“廪食”），更有约束机制（即要求吹竽者一个一个吹奏），那么，南郭先生这样的人，就被暴露在大庭广众之下，再无混饭吃的机会，只好逃走。

齐人有一妻一妾

作为经济学家，该如何看待“齐人有一妻一妾”这则寓言呢？这依赖于一个基本假设或者对待劳动—休闲的态度。每个人对“收入”与“休闲”都喜欢，既爱钱（或吃），又想休闲（或偷懒），也就是“好逸恶劳”。换言之，分析劳动供给时，“好逸恶劳”就是我们假设家庭或个人的偏好或效用函数。

现在，人们往往将“勤劳”当做美德，而将“好逸恶劳”作为恶习。早在战国时期，孟子就讲述了一个后来被广为引用的讽刺好逸恶劳者的寓言故事——《齐人有一妻一妾》（《孟子·离娄下》），原文为：

齐人有一妻一妾而处室者，其良人出，则必餍酒肉而后反。除问所与饮食者，则尽富贵也。其妻告其妾曰：“良人出，则必展酒肉而后反；问其与饮食者，尽富贵也，而未尝有显者来，吾将间良人之所之也。”蚤起，施从良人之所之，遍国中无与立谈者。卒之东郭墦间，之祭者，乞其余；不足，又顾而之他——此其为展足之道也。其妻归，告其妾，曰：“良人者，所仰望而终身也，今若此！”与其妾讪其良人，而相泣于中庭，而良人未之知也，施施从外来，骄其妻妾。

这段话译为白话文，大意为：

齐国有一个人，娶有一妻一妾。他每次出门，必定是酒足饭饱之后才回家。妻子问他与什么样的人吃喝，他说都是些有钱有势的人。他的妻子告诉他的小妾说："丈夫一旦出门，就一定要酒足饭饱才回来。我问那些与他一起吃喝的人是什么人，他就说全部是些富贵的人，可是不曾有显贵的人来过家里，我想暗中跟踪他，看他到什么地方去。"第二天早上起来，她便跟踪丈夫去他去的地方，可是遍城没有人愿意停下来和他说句话。最后，丈夫去了东城处的坟茔，到祭祀过人的地方，乞求那些残余下来的东西；不够，又东张西望地到别处去乞讨——这就是他酒足饭饱的办法。他的妻子回到家里，告诉他的妾说："丈夫，是我们仰望而终身依靠的人，现在他竟然这样！"妻子与小妾先是咒骂她们的丈夫，后来竟然在庭院中相对哭泣，但是她们的丈夫不知道这个情况，从外面回来时得意洋洋，在妻妾面前骄横跋扈。

讲完这个故事，孟子感慨地说："从有道德的君子来看，当今那些追求富贵的人，他们的妻子小妾见到他们的丑态，不感到羞愧而哭泣的恐怕很少吧！"（"由君子观之，则人之所以求富贵利达者，其妻妾不羞也而不相泣者，几希矣！"）

这则寓言中的齐国男子，为了贪图享受而完全抛弃人格。不过，两个女人除了对男人的无耻行为感到羞愧外，并没有怨恨他的好逸恶劳，而是勤勤恳恳、兢兢业业、任劳任怨地操持着这个家。

"好逸恶劳"行为成为词语，并饱受讽刺，却是《后汉书·郭玉传》时期的事，原文称："其为疗也，有四难焉：自用意而不任臣，一难也；将身不谨，二难也；骨节不强，不能使药，三难也；

好逸恶劳，四难也。”这背后的故事是：东汉时期，太医郭玉医术很高明，经常手到病除，他为人仁义厚道，为穷苦百姓治病尽心尽力，药到病除，为达官贵人治病经常不见效。汉和帝问他为什么会这样？郭玉回答说：达官贵人自作主张，态度不谦和，好逸恶劳，不愿配合治疗。

大约从这个时候开始，“好逸恶劳”成为贬义词，形容那些贪图安逸，厌恶劳动的人的行为。

到了现代，一些经济学者放弃了实证的信条，也开始对“好逸恶劳”行为展开批评。例如，著名经济学家、北京视野咨询中心主任钟朋荣在2006年7月发表的《勤劳人的经济学》一文中提出，“社会的财富是勤劳人创造出来的，物质产品、精神产品概莫能外。”“在中国，为什么广东、浙江等沿海省份那么富，为什么许多内地省份那么穷？有地理环境、自然条件、历史沉淀的原因，有政策的原因，但不可忽视的是由于这些原因造成的人们勤劳程度的差别。”

于是，他提出解决方案：“治穷先治懒，治懒必须逼，逼民先逼官，这就是我关于‘官逼民富’思想的基本内容。我一直认为，‘官逼民富’是中国许多地方致富的必由之路。我甚至主张，中国应该出台一部治懒的法律，通过这样的法律，促使许多人由懒变勤，由穷变富。”

钟朋荣的观点，在中国并未引起多少共鸣。有好事者所作的《中国经济学家骇人听闻的语录大全》，将钟朋荣的“治穷先治懒、治懒必须逼、逼民先逼官”收入其中，称之为“奇谈怪论”。

不过，就在钟朋荣教授发出“治穷先治懒、治懒必须逼、逼民先逼官”主张的同时，2006年6月20日的《韩国经济》刊发了一则题为《疲惫的中国，加班现象蔓延，每年60万过劳死》的消息，说中国已成为全球工作时间最长的国家之一，人均劳动时间已超过日本和韩国，随着加班的“普及”，年轻人死在办公室的例子屡见不鲜。

到了2007年，中国出现了一个新词语——“过劳模”。2007年5月8日《北京晨报》报道说，根据北京师范大学对北京、上海等四大城市的调查，已经有七成白领成为“过劳模”。这些人平均每天工作10个小时以上，基本没有休息日，睡眠不足、三餐不定……他们的工作强度可能比“劳模”有过之而无不及。

另一项调查显示，IT行业内普遍存在着工作超负荷现象。每天工作8小时以上者的比例高达77.8%，其中每天工作11小时以上者比例竟有22.5%。95%的公司白领处于亚健康状态，尤其是高科技行业、IT行业人士。

种种证据显示，中国老百姓是很勤劳的，所谓“官逼民富”，恐怕是号错了脉搏，下错了药方。

不过，钟朋荣所建议的“应该出台一部治懒的法律”，在国外还真有共鸣的。英国路透社2008年10月20日发表的一篇题为《尼日利亚一父亲以懒惰罪起诉其子》的报道说，因儿子拒绝参加劳动，尼日利亚北部包奇（Bauchi）镇的一名父亲萨玛伊拉·塔希尔（Sama'ila Tahir）以懒惰罪将其20岁的儿子告上了伊斯兰法庭，要求法院判其子入狱服刑。塔希尔说：“他一点也不听话，他是我们家的耻辱。我受够了他了，恳请法庭让他入狱，好让我清净清净。”塔希尔对法庭表示，他的儿子拒绝上学，并称其子还加入了犯罪团伙。法庭判处其子入狱6个月，并因不听父母话被罚就地用藤条鞭笞30下。

那么，作为经济学家，该如何看待“齐人有一妻一妾”（或者“好逸恶劳”）这则寓言呢？

这依赖于一个基本假设或者对待劳动—休闲的态度。每个人都喜欢“收入”与“休闲”，既爱钱（或吃），又想休闲（或偷懒，也就是“好逸恶劳”）。换言之，分析劳动供给时，“好逸恶劳”就是我们假设家庭或个人的偏好或效用函数。

道理很简单，如果天下有不劳而获的免费午餐，没有人会弃之而不顾。法国著名哲学家、社会学家、后现代理论家让·波德里亚（Jean Baudrillard，1929—2007）在《象征交换与死亡》一书的《劳动与死亡》一章里说：“劳动是一种缓慢的死亡。”这其实延续的是希腊的传统看法，即劳动总是伴随着痛苦与灰暗。希腊的海斯乌德斯在《工作与日常生活》里提出忠告：“为了让你能够买别人的土地而不是你的土地被别人买去，你要拼命地工作。”

后来，杰文斯（William Stanley Jevons，1835—1882）与马歇尔（Alfred Marshall，1842—1924）等经济学家将劳动（Labor）定义为：“除了从工作中获得喜悦以外，为了某种好的目的，忍受一部分或全部精神或肉体的活动”，从而提出了“工资率等于劳动的边际非负效用与收入的边际效用之比”这样的命题，所以，劳动与痛苦相连的形象更为清晰。

现代经济学对劳动的定义减弱了以往附加的痛苦和灰暗面，即：劳动是人类从事生产的努力或活动，包括所有为谋生而工作的人。但依然强调了劳动的目的性，即为了谋生。

由此可见，“好逸恶劳”并不一定是经济发展或者致富的对立面。人们为了谋生（生存和发展）而劳动，但人们并不是天然的喜好劳动，不是劳动机器。

其实，换个角度看，“好逸恶劳”甚至可能有利于经济发展或者致富。阿里巴巴集团主席兼首席执行官、雅虎中国董事局主席马云，曾经给雅虎中国公司的员工做了一个精彩演讲——《学会“懒”的方法》。马云称，世界上很多非常聪明并且受过高等教育的人无法成功，就是因为他们从小就受到了错误的教育，他们养成了勤劳的恶习。世界上最富有的人，比尔·盖茨，是个程序员，懒得读书，退学了。他又懒得记那些复杂的DOS命令，于是，他就编了个图形的界面程序，叫什么来着？Windows。于是，全世界的电脑都长着相同的脸，而他也成了世界首富……

当然，“懒”不是“傻懒”。如果你想少干，就要想出懒的方法。如马云所说，“要懒出风格，懒出境界”。

无独有偶，北京大学社会学教授郑也夫在《吃与炫耀性消费》（《文汇报》2007年6月10日）中也主张“好逸恶劳”。郑也夫称，“好吃懒做有进化优势。”他说，我们和祖先的一点相同之处，就是好吃懒做，因为好吃懒做有进化优势。食物是匮乏的，食物的获取是艰难的。吃饱后的最佳选择就是少安毋躁，就是晒太阳，千万别浪费能量。祖先的运动，祖先的半饥半饱，都是被迫的。他们常常运动是真的，说他们热爱运动是在美化祖先。知道我们和祖先一以贯之的特征，也就知道了为什么要我们运动和节食如此不容易。我们必须自觉地运动，自觉地少吃。

在我看来，不否定“好逸恶劳”，其实是在承认闲暇的正面意义。经济学素来承认闲暇的价值和优点，认为它不是经济的对立面，而是工作的对立面。你一定见过经济学教科书中的这个概念——“后弯劳动供给曲线”（Back-ward-bending Labour Supply Curve）。它仅把闲暇看作“非工作”。它假设我们从闲暇获得“效用性”，而从工作获得“无效性”（Disutility）。

仔细想想，你会发现，没有闲暇的消费带来的效用性极小。我们的效用性并不来自买东西，而来自买了东西以后使用它们、享受它们。但使用和享受都需要时间——也就是闲暇。固然有些商人“钱多人傻”，买了游艇和度假别墅却没时间享受，可这样的人毕竟是极少数。

我们应该这么思考问题：多亏了闲暇，生产和消费才能保持平衡。是的，如果我们忙于工作，没空闲暇，我们就没有什么消费的动力；同样的，要是没有足够的时间休息恢复，我们工作的质量也会受损。当然，闲暇在经济有效运作中的基本任务，不过是它的外在优点。真正关键的，还在于闲暇的内在美：因为我们偏好它，所以它是一件好事。

所以，现代的经济学教科书一般认为，劳动时间与闲暇时间在不同的历史条件下，其数量、结构和性质是不同的。在人类文明进步的漫长历史过程中，劳动时间与闲暇时间也在不断地演变。从某种意义上讲，社会的进步也表现在劳动时间的缩短和闲暇时间的延长，使人获得更全面的发展上。

诚然，多数经济学家是理性的，深知闲暇的意义。不过，对于“过劳模”们或者钟朋荣们而言，未必超然考虑问题。下面这个案例或许值得他们思考。2008 年 12 月 11 日出版的《华尔街日报》上有一篇题为《拒绝升职，日本人变懒了?》的文章。该文称，日本东京，24 岁的锦户秀一（Hidekazu Nishikido）是一家劳务派遣公司的职员，最近得到晋升，协助管理一小组员工。新岗位意味着更高的工资和更好的头衔。但他并不开心。现在他经常要加班到夜里 10 点，跟女友相处的时间减少。于是，锦户秀一直截了当地对公司老板说，他以后再也不想升职了。文章进一步指出，日本现在出现了一个新现象：许多年轻员工在避免最佳晋升机会——甚至放弃提薪——而选择那些需要承担最少责任的平淡工作。韬睿（Towers Perrin）咨询公司在 2008 年的一项研究中发现，只有 3% 的日本员工表示他们在尽全力工作——这在 18 个受访国家中比例最低。就业专家开始把这类员工称做“Hodo－hodo Zoku”，即“不好不坏一族”。现在，“不好不坏一族”现象比比皆是。东京市政府可谓精英荟萃，但市政府表示，在够资格的员工中，只有 14% 的人参加了 2007 年的管理岗位晋升考试——而 30 年前这一比例为 40%。电子产品巨头三洋电机株式会社（Sanyo Electric Co.）表示，要为海外工厂主管这类高要求的职位找到合适人选是越来越困难了。

看到日本出现“不好不坏一族”，我觉得更有必要重提我在《工作与闲暇是替代关系吗?》一文中提出的那个问题：“凯恩斯与哈罗德在考虑生产率不断增长的长期影响时，都对大多数人没有准备好使用闲暇的危险及其后果深感忧虑。我想，现在，我们到了应该重视这个问题的时候了。”

“卖油翁”与分工效应

在经济学者看来，《卖油翁》最直接的寓意是揭示了分工的经济效应。陈尧咨与卖油翁，由于社会分工不同，各自从事相应的领域，在各自的领域积累了丰富的经验，练就了过硬的本领（即由于分工，各自积累了专用性人力资本）。

北宋诗文革新运动的领袖人物欧阳修，在《归田录·卖油翁》中讲述了一则寓意深刻的故事——“卖油翁”。这个故事由于中学语文课本的采用而众所周知，原文为：

陈康肃公尧咨善射，当世无双，公亦以此自矜。尝射于家圃，有卖油翁释担而立，睨之，久而不去。见其发矢，十中八九，但微颔之。康肃问曰：“汝亦知射乎？吾射不亦精乎？”翁曰：“无他，但手熟尔！”康肃忿然曰：“尔安敢轻吾射？”翁曰：“以我酌油知之。”乃取一葫芦置于地，以钱覆其口，徐以勺酌油沥之，自钱孔入而钱不湿。因曰：“我亦无他，惟手熟尔。”康肃笑而遣之。

这段话译为白话文，大意为：

陈尧咨（谥号“康肃”）擅长射箭，当世无双，他也常以此自夸。有一天，他在园子里练习射箭，一个卖油的老先生放下担子站在一旁，斜着眼看他，很久仍不离去。陈尧咨射箭时十次有八九次中靶，老先生只是微微点头表示赞许。陈尧咨问他：“你也懂得射箭吗？我的箭术不高明吗？”老先生答道：“你的箭术没有什么奥妙，不过是熟练罢了。”陈尧咨气愤地说：“你怎么敢轻视我的箭术。”老先生说：“凭我斟油的经验便知道这个道理。”于是老先生放了一个葫芦在地上，再把一个铜钱覆盖在葫芦口，然后慢慢地用勺子把油注入葫芦，油从铜钱中间的小孔进入葫芦，丝毫没有沾到铜钱上。老先生示范完后向陈尧咨说：“我这技术也没有什么奥妙，只不过是熟练罢了。”陈尧咨笑着打发他离去。

教科书告诉我们，此文的寓意为：任何过硬的本领都是练出来的。只要肯下工夫，勤学苦练，反复实践，就可以做到“熟能生巧”。

在我们经济学者看来，《卖油翁》最直接的寓意是揭示了分工的经济效应。陈尧咨与卖油翁，由于社会分工不同，各自从事相应的领域，在各自的领域积累了丰富的经验，练就了过硬的本领（即由于分工，各自积累了专用性人力资本）。陈尧咨射箭，十枝中有八九枝射中了靶子；卖油翁倒油，油可如一条细线一样从钱孔中流入葫芦里，而那枚铜钱却没有沾上一点儿油痕。

了解经济学的读者不难明白分工的重要性。亚当·斯密（Adam Smith，1723—1790）在《国民财富的性质和原因的研究》（一般简称为《国富论》）中从分工之于生产力的推动作用、分工产生的缘由以及分工受市场范围限制三个角度阐述了分工。对于分工的重要性，斯密在这本书的开篇首句便说道：“劳动生产力上最大的增进，以及运用劳动时所表现的更大的熟练、技巧和判断力，似乎都是分工的结果。”

我在《追问如诗田园》（载《幸福经济学》，福建人民出版社2007年版）里进一步作出解说：社群分工与交易带来的幸福比个人社会优越，特别是分工与交换发展到相当高度的现代社会。有两个人及以上的社会圈落，就可以实现专业化分工，而不需要像鲁宾逊那样，十八般武艺样样俱会，人们只需在自己的专业领域发挥所长，以其专长从事相关工作，获得相应的收入，然后在市场上购置生活所需物品，如家具、衣服、日用品等。所以，记者只懂写新闻稿，却可以用稿酬赚取收入，购置他不懂得如何制作的衣服；制衣厂的工人会制作衣服却不会写文章，于是用制衣赚的钱购买报纸。这就是亚当·斯密所说的分工。每个人依据自己的比较优势分工生产，以其所得在市场中交换，各自取得所需要的产品或服务。所以，虽然每个具体的物品给人们带来的效用是日益减少的，但分工与交换发展的结果是产品种类越来越丰富，每个人可选择消费的物品或劳务数不胜数，于是我们的总体效用或幸福感是增加的。可以想象，在没有交换的世界中，我们的生活质量将如何？也许，我们可以自己制作衣服、生产粮食、制造简单的耕作工具。但是，凭借个人的力量，无论如何也造不出电视、电脑、汽车等产品。就个体而言，没有交换及贸易（买卖）的世界是可怕的。读者不妨看看自己的周围有多少东西是自己亲手做的，就知道交换的可贵。没有任何一个人可以独力制造出一支铅笔。然而，这支铅笔可能只售卖几角钱，微不足道。

从经济学的发展看，20世纪80年代以来，以贝克尔（Gary Becker）、杨小凯和黄有光等为代表的经济学家，用超边际分析的方法，将古典经济学中关于分工和专业化的思想数学化。在新的分析框架之中，分工的演进始终是经济增长的一条主线，并可以用来解释贸易、企业、城市化与工业化、产权理论和一系列的宏观问题。他们认为，生产率的提升使人们可以选择较高的专业化水平，而较高的专业化水平反过来加速了经验积累和技能改进，使生产率进一步提高。这样，便出现了良性循环，使分工演进加速进行。

当然，本文并非经济学论文，不打算深究这些学术上的问题。读者如果感兴趣，可以参阅我的博士论文《认知盲区的消除与企业的性质及制度变迁》（东北财经大学，2007 年）。

有一点需要强调，分工造就了各领域的“专家”。各个专家从不同领域贡献力量，用产出交换，则社会上皆大欢喜。这是好事情。

不过，对于“专家”，大众要理性看待。就如卖油翁看陈尧咨的箭术那样，不迷信。其实，与非专家相比，“专家”只在某个领域积累了比常人更多的专用性人力资本（知识），“专家”并非万能，并非什么领域都了解。

现在，翻阅报刊，不难发现，很多“专家”几乎什么领域都评说，庶几成“万金油”。以我的经验看，似乎不能单纯怪责这些“专家”。因为我也经常碰到这样的情况，媒体记者采访时，请我评论环保问题、户籍改革问题、宪政问题等。我不得不告诉他们，我只是一名经济学者，对其他领域了解较少，不敢妄下评论。

近日翻阅金岳霖先生的《逻辑》（中国人民大学出版社 2005 年版），发现金先生将此种现象列入“逻辑错误”之一种，即“不相干的辩论的错误”。这类逻辑错误，聊举两种：一是人言混淆。譬如，某人批评孔子，另一位先生则反驳说，“难道你的水平比孔子高?”殊不知，“专家”在本领域也有认知盲区，更何况在其不了解的领域。二是乱引权威。譬如，我从高小勇编辑的《诺贝尔经济学奖得主采访录》一书（中国计划出版社 1995 年版）中发现，国内不少著名学者向那些美国诺贝尔经济学奖得主提出的很多问题，诸如中国的证券市场如何发展，宏观调控如何搞等，并非那些学者的研究领域。而美国的那些学者倒也实在，说“我对中国情况不了解”云云。

其实，《卖油翁》的故事已经告诉了我们这一点：陈尧咨对卖油翁的态度不满意，便问道：“你也懂得射箭吗？我的箭术不是很高明吗？”卖油翁不会射箭，也不去与陈尧咨比试射箭的本领，而是通过倒油，显示自己这方面的水平，用行动告诉陈尧咨：大家只是由于分工不同，都只精通本领域而已。

“马价十倍”：广告经济学

为什么同样一匹“骏马”，在伯乐“还而视之，去而顾之”之后，价格就上涨了10倍？在经济学上，这是个难题。

近日翻阅《战国策》（卷三十），在《燕二·苏代为燕说齐》一节中发现一个“马价十倍”的寓言故事，原文为：

人有卖骏马者，比三旦立市，人莫知之。往见伯乐曰：“臣有骏马，欲卖之，比三旦立于市，人莫与言，愿子还而视之，去而顾之，臣请献一朝之贾。”伯乐乃还而视之，去而顾之，一旦而马价十倍……

这段话译为白话文，大意是：

有一个卖骏马的人，连续三天站在集市上，没有人理睬他。这人就去见伯乐，说：“我有一匹骏马，想卖掉它。可是接连三天待在集市上，没有人过问，希望您环绕着马察看它，离开时再回头看一下它。我愿意付给您一天的报酬。”伯乐答应了这个请求，到市场上，环绕着那匹马看了一番，离开之后又回头看看它，结果一天之内这匹马的价钱就涨了十倍。

为什么同样一匹“骏马”，在伯乐“还而视之，去而顾之”之后，价格就上涨了10倍？这是“广告”（Advertising）的作用。

按照美国广告代理协会（American Association of Advertising Agencies）的定义，“广告”是付费的大众传播，其最终目的是为了传递信息，改变人们对于广告商品的态度，诱发其行动而使广告主获得利益。据一些学者考证，“广告”是外来语。它首先源于拉丁文Advertere，其意为注意、诱导。中古英语时代（约公元1300—1475），演变为Advertise，其含义衍化为“使某人注意到某件事”，或“通知别人某件事，以引起他人的注意”。直到大规模的商业活动兴起之后，广告一词才得以广泛地流行并被使用。此时的“广告”，已不单指一则广告，而指一系列的广告活动。

经济学对“广告”作用的认识，经历了一个过程。查阅《新帕尔格雷夫经济学大辞典》发现，至少从19世纪出现大众宣传媒介以来，就广告本身的争议，比证明其经济重要性要激烈得多。张伯仑（Edward Chamberlin，1899—1967）的《垄断竞争论》（1933年）是经济学中正视广告的第一本主要著作，但其分析几乎得不出实证和规范的结论。这也许反映了知识阶层对广告向来所持的不屑一顾的态度。经济学家早期对广告的看法一般都是批评性的。他们把广告说成是浪费的，受人操纵的和反竞争的。

不过，信息经济学的兴起促使经济学界重新认识广告。肯尼思·阿罗（Kenneth Arrow）；威廉·威克里（William S. Vickrey）、詹姆斯·莫里斯（James A. Mirrlees）；迈克尔·斯宾塞（A. Michael Spence）、乔治·阿克洛夫（George A. Akerlof）和约瑟夫·斯蒂格利茨（Joseph E. Stiglitz）等诸多经济学家的研究表明，传统经济学理论是建立在信息对称假设之上的，即认为家庭和企业之间没有任何的信息阻碍。但是在现实生活中，信息不对称（“人心隔肚皮，做事两不知”）十分普遍，消费者不可能有时间和精力来完全掌握所有产品的信息，员工比企业更了解自己的能力，买保险的人比保险公司更了解自己的健康状况，等等。这种信息不对称的情况自古就有，而且随着社会分工的深化而日趋复杂。

由于信息不对称广泛存在，现实生活中到处都有逆向选择。逆向选择是指由于信息不对称，当事人可能会选择次品而优等品被逐出市场。如旧车市场，买主不知道汽车的实际质量，但卖主知道。质量好的旧车往往难以售出而被逐出市场，这就是逆向选择问题。

于是，一个难题摆在我们面前：在寓言“马价十倍”中，卖马的人说自己的马是“骏马”，天知道他是不是以次充好？现实生活中，类似的问题随处可见：店主说他卖的衣服物美价廉，谁知道他是否在忽悠你？应聘人员说他完全符合招聘要求，绝对是“千里马”，用人单位怎么确定他说的是否是实话，如何考核应聘者的水平？售楼小姐说这套房子位置好、质量放心、价格公道，购房者怎样判断这个楼盘不是“豆腐渣”工程、自己是否会花冤枉钱？卖水果的摊主说他卖的柑橘味道鲜美，你相信吗……

要解决上述问题，信息甄别（Screening）和信号传递（Signaling）成为必要，也就是说，卖方要将产品信号传递给买方；买方要对传递来的信号或其他信号进行甄别。斯宾塞、斯蒂格利茨等人提出的信息甄别和信号传递模型，较好地解决了上述问题。斯宾塞列举的一个案例是劳动力市场。他的分析表明，雇主在不能够确定应聘者的真实素质高低时，文凭或工作经验就是一种信号，毕业于著名高校的优秀学生相对比较容易找到工作就反映了这一点。

同样的道理，一般而言，处于市场的买卖双方，除非是遭遇“双重巧合”（一方刚好要卖某种产品，另一方刚好要买某种产品，且价格、质量等合意），否则，需要花费大量的时间和精力进行信息的传递和甄别。

对于买方而言，如何确保自己需要的产品物美价廉？一些简单的商品，比如梨，你要知道它的滋味，只需要亲口尝一尝就行了。但是，对于那些复杂商品比如彩电、电脑、汽车等，确定这些商品的质量，你当然可以亲眼看一看、试一试，但是你看到的或试用的是那一片刻的质量，究竟可以维持多久？更复杂一点，考核钻石首饰的真伪，肉眼就能看出真假？所以，对于支出金额不菲的商品，如房子、汽车等而言，一般需要支付一些费用，找“业内人士”或专家，协助甄别。

同样的道理，对于卖方而言，简单产品，一般将好产品示人，吸引买家。例如，水果摊上，个头大、色泽好的草莓，一般摆放在上面，个头小、色泽差的则摆放在下面，且不允许顾客翻动。复杂商品如骏马，为了向顾客表明这确实是骏马，就会请伯乐帮他做广告，就如“马价十倍”那样。即使你的马是千里马，但是，一般人并不具备相关的相马知识，并不能确定它的质量的好坏。但是，伯乐是这方面的权威，既然他认可的，必然错不了。

当然，广告的作用不仅仅是传递一种信号。我们可以用信息经济学中的“分离均衡”（Separating Equilibrium）模型来说明广告的效用。

“分离均衡”指的是，局中人（Players）的类型不同，某类型的局中人希望将自己的真实类型告诉其他人，他就向外界发出某种信号使自己得以区别于其他类型的局中人，从而达到一种“分离”的纳什均衡。例如，在保险市场上，高风险的人群购买高保费高赔率的保单，低风险的人群购买低保费低赔率的保单，这种差异就是不同类型的局中人选择不同策略（分离均衡）的表现。

现在，我们会观察到诸多类似这样的广告：搜狐娱乐2009年5月7日报道称，“日本第一美貌熟女”黑木瞳（曾经出演《失乐园》女主角）近日出现在迪士尼的广告中。她坐上了小飞象，还带着少女般的笑容和米老鼠拥抱。这则广告是配合东京迪士尼乐园针对45岁以上人士的特别折扣活动拍摄的，因此请来了年近五十还美丽依旧的黑木瞳做宣传。这则广告，并没有提供迪士尼乐园服务的类别和价格等相关信息，也未劝诱消费者去迪士尼乐园游玩，而只是将黑木瞳与迪士尼联系起来。

显然，这种广告并不是传统意义上的信息型（信息型的广告能使消费者了解相关产品的质量、功能及用途等），也不是劝诱型（劝诱型广告旨在激起消费者的购买欲望，在短期内扩大产品的销售量），那么，它在经济学家眼中应该作何解释呢？

我们会观察到，厂商请当红明星作广告往往会花费一大笔钱，而正是这种巨额的广告支出将有实力的厂商与实力较弱的厂商区分开来，于是我们就得到一种“分离均衡”。

为了形象说明这种均衡，下面通过一个杜撰的例子来解释厂商花钱请明星做广告的经济学机理。

假设A有千里马，B有普通马。为了将马匹卖出去，A和B可能都信誓旦旦地向消费者宣传承诺他们各自的马匹是最好的，是千里马。可问题是，消费者不能识别出A和B的马匹质量的差别（对于那些不具备专业相马知识的普通消费者而言，单从A和B提供的马匹的外形上看不出差别）。

在这种情况下，真正拥有千里马的A可以请众所周知的权威人士伯乐为其做广告。因为伯乐是权威的相马专家，所以要花费巨额资金支付广告费。

当然，不拥有千里马的B也可以请伯乐做广告，但B这样做未必合算。这是因为，B知道自己的马匹素质比不上A的，其体质并不像宣传的那样好，开始还可以蒙骗一部分消费者，但日久天长，经过一段时间的消费后，购买B的马匹的消费者最终会发现真相。于是，B的马匹消费市场在不太长的时间内就会缩小直至消失。当B意识到这一点时，B知道自己的马匹市场寿命期是短暂的，人们不会长期上同样的当，因而估计自己的产品收益较小。

相反，A 知道市场上的消费者最终会鉴别出自己马匹的质量水平，对自己质优马匹的市场增长有充分的信心，因而预计自己的马匹市场寿命期是较长的（至少相对于 B 而言）. 从而估计自己的马匹销售收益较多（相对于 B）。于是，A 敢于花巨额资金雇佣伯乐做广告，B 却不敢模仿，因为 A 估计自己的产品有大的回报，花上一个大的价钱仍不至于亏损，而 B 估计自己的产品市场回报较小，不敢花大价钱请人做广告。

这样，A 通过花巨资做广告就可能成功地将普通马竞争者排除在市场之外。从而达成一种“分离均衡”。A 花巨资做广告就是信息经济学中的“承诺行动”，类似现象在现实生活中比比皆是，如有实力的商店花巨资将店堂和门面进行豪华装修，有实力的公司或银行购买和使用高档轿车，有能力挣钱的人穿名牌服装、进精品店进行高消费……

当然，如果一些人为了短期利益，利用或者制造信息不对称，将导致信号失真，信息甄别方略失灵，让消费者受损。在寓言“马价十倍”中，如果伯乐收了卖马者的钱，并因此将普通马说成是千里马，那么，他这个“广告”传递出来的信号就是虚假的。那么，按照伯乐的指点，顾客必将以千里马的价钱获得普通的马匹。这种损失还算是较小的。2008 年披露的一些所谓“国家免检产品”，以权威部门的信誉为掩盖，在牛奶中添加三聚氰胺（Melamine），致使婴幼儿肾结石和肾功能衰竭发病率增加，甚至死亡。当然，这种短视的制度设计，终因舆论的压力而得以废除。

“画蛇添足”新解

“画蛇添足”表明，把握了根本的规则，很多经济行为或者结果都是可以推测的，从而可以对行为加以引导，向着“均衡”的方向迈进，实现全社会的和谐发展。

《战国策·齐策二》讲述了一个著名的寓言故事，原文为：

楚有祠者，赐其舍人卮酒。舍人相谓曰：“数人饮之不足，一人饮之有余。请画地为蛇，先成者饮酒。”一人蛇先成引酒且饮之乃左手持卮右手画蛇，曰：“吾能为之足。”未成，一人之蛇成，夺其卮，曰：“蛇固无足，子安能为之足?”遂饮其酒。为蛇足者，终亡其酒。

这段话译为白话文，大意是：

楚国有个贵族，祭过祖宗以后，把一壶祭酒赏给前来帮忙的门客。门客们互相商量说：“这壶酒大家都来喝则不够，一个人喝则有余。让咱们各自在地上比赛画蛇，谁先画好，谁就喝这壶酒。”有一个人最先把蛇画好了。他端起酒壶正要喝，却得意洋洋地左手拿着酒壶，右手继续画蛇，说：“我能够再给它添上几只脚呢!”可是没等他把脚画完，另一个人已把蛇画成了。那人把壶抢过去，说:“蛇本来是没有脚的，你怎么能给它添脚呢!”说罢，便把壶中的酒喝了下去。那个给蛇添脚的人最终失去了到嘴的那壶酒。

这个故事就是著名的成语“画蛇添足”的来源。按照现代词典的解释，画蛇添足指的是多此一举、弄巧成拙。问题在于，“画蛇添足”为何不是锦上添花而是弄巧成拙?

从新古典经济学的思路出发，似乎难以解释。但是，演化经济学和混沌经济学的思想均能解释这种现象。

在演化经济学大家族中，熊彼特(J. A. Joseph Alois Schumpeter，1883—1950)可谓开创者。他把创新看做是经济变化过程的实质，强调非均衡和质变在经济体系中的重要作用。熊彼特认为，经济发展是一种“质变”或生产方法的“新组合”。在熊彼特看来，创新是一种创造性的破坏。他注意到，创新的过程，是不断破坏旧的结构，不断创造新的结构的过程，是一个创造性的破坏过程。当然，“演化”不是“进化”，它可能“演进”，也可能“演退”，也就是创造性破坏这个“质变”可能走向积极面，也可能走向消极面。“画蛇添足”说明了创造性破坏的消极面，也就是说，那位给蛇添足者的行为，本身是一项“创新”活动，将“蛇”画成“非蛇”，但是这一创造性破坏，并没有创新出有益的美景，而是创造出一个大家都不接受的“怪物”。那么，这项创新显然经不起市场检验，失败了。

混沌经济学则从另一个角度解释了“质变”。在这个学派看来，整个生物系统和人类活动的经济系统很显然都是一个复杂的开放系统。开放系统肯定是逐渐远离均衡的，否则就不可能存在下去。在接近均衡的区域，如果内部和外界引起的涨落(Fluctuation，即物质系统处于热力学平衡态时，作为统计平均值的宏观物理量如能量、压强、分子数密度在其平均值附近有微小变动的现象）是线性的，开放系统内部也不可能产生任何新的组织结构。相反，如果系统处于外界各种因素的强制作用之下，具有非线性动力机制，那么系统运行就会呈现一个在多重稳定态（分叉）之间进行选择的相变(Phase Transition，即物质从一种相转变为另一种相）过程，这种新的分叉的增加代表着系统演进的多样性和组织机构趋于复杂。一个非常小的扰动（Disturbance，即人为破坏）或涨落通过非线性机制有可能导致系统从偶然时间走向必然，使系统从不稳定态走向新的稳定有序状态。所以，“画蛇添足”就是“添足”这个“扰动”，导致了相变，即从“蛇”变成“非蛇”，这导致画蛇活动出现偏离，原有的均衡被打破。

从个人的为人处世角度看，深谙“画蛇添足”之意，很有必要。在现实生活中，要“恰到好处”地协调“争斗”与“忍让”的关系。古人认为，既然是天地生人，那么就应该从天地运行之“道”中来体会为人之“道”，即要“天人合一”。如果你不遵循“道”，不在量变的一定“度”内行事，你就可能走向“质变”。所以，明朝的徐学谟在《归有园尘谈》中告诫说：“谦，美德也；过谦者，多怀诈。默，懿行也；过默者，或藏奸。”《增广贤文》总结人生经验时也说：“受恩深处宜先退，得意浓时便可休；莫待是非来入耳，从前恩爱反成仇。”

对于组织机构而言，明白“画蛇添足”的内涵，对于提高激励效应，很有益处。对组织（企业或事业单位）而言，“激励”是维持其生命所必需的养分，如同水、空气、阳光和食品一样重要。没有“激励”，组织就活不下去。但是，有了太多的“激励”，组织也会活不下去！如何适当激励呢？比如发奖金的时候，对一两个特别优秀的员工，你如果真想给予重赏，最好在私下进行，给他们大红包，或悄悄耳语给他们一些升迁的承诺。此时你要再三地叮咛他，这件事不可外传。此人受宠若惊，日后自当加倍卖力。这种方法，做老板的人常常采用。

关于减税的经济影响，著名的拉弗曲线（Laffer Curve）揭示了税率与税收收入之间存在着一种倒转的U型曲线关系，也就是说，税率和税收收入之间并不是一种线性的正相关关系．过高的税率会抑制劳动者工作和企业经营的积极性，从而导致税基的缩小，从而减少总的税收收入。正所谓“不过不及，过犹不及”。拉弗曲线表现的正是税率高低与税收收入之间的这样一种辩证关系。推而广之，我们也可认为，企业在经营中和消费者在消费中，如果所要承担的税收负担过重的话，那么企业投资和居民消费的积极性就会受到挫伤，从而内需难以扩大，经济无法增长，国家税收收入的增加也就无从谈起。因此，为了有效地扩大内需，适当减少企业投资和居民消费中的税收负担已成当务之急。

“保护知识产权”是一件好事，“反垄断”也是一件好事。但经济学也同时认为，好事不是绝对的。价格太高太低都不好，产量过大过小也不好，所以经济学讲“均衡”。这个均衡的概念也可以用到不同的制度安排之间。市场虽好，并非万能。所以要有一个市场、企业、政府和家庭以及道德规范和谐共处的制度结构。一件“好事”过了头，会与另一件“好事”发生冲突。

由此可见，把握了根本的规则，很多经济行为或者结果，都是可以推测的，从而可以对行为加以引导，向着“均衡”的方向迈进，实现全社会的和谐发展。

“屠夫辞婚”对经济学研究的启示

“屠夫辞婚”的故事中的吐，在卖肉中掌握了“好货不便宜，便宜没好货”的经验知识，就能够推断出齐王嫁女的缘由，从而选择辞婚的行为；但是，他的朋友由于不具备这种经验知识，以为与齐王攀亲是美事。

西汉韩婴所著《韩诗外传》卷九第二十八章讲述了一个“屠夫辞婚”的寓言故事，原文为：

齐王厚送女，欲妻屠牛吐，屠牛吐辞以疾。其友曰：“子终死腥臭之肆而已乎？何谓辞之？”吐应之曰：“其女丑。”其友曰：“子何以知之？”吐曰：“以吾屠知之。”其友曰：“何谓也？”吐曰：“吾肉善，如量而去苦少耳。吾肉不善，虽以他附益之，尚犹贾不售。今厚送子，子丑故耳。”其友后见之，果丑。

这段话译为白话文，大意是：

齐王以丰厚的嫁妆嫁女儿，想把女儿嫁给卖牛肉的屠夫吐为妻，屠夫吐以自己有病推辞了这门婚事。他的朋友说：“您愿意终身老死在这腥臭的市场吗？为什么推辞呢？”吐回答他说：“他的女儿是丑姑娘。”他的朋友说：“您凭什么知道呢？”吐说：“凭我杀牛卖肉的经验知道这个道理。”他的朋友说：“怎么讲？”吐说：“我卖的肉好的时候，就如数全部卖出去了，顾客只会嫌肉少；我卖的肉不好的时候，即使用别的东西增加分量，肉还是卖不出去。如今国王以丰厚的嫁妆嫁女儿，这是因为女儿太丑的原因罢了。”他的朋友后来看见了齐王的女儿，齐王的女儿果然很丑。

这个故事很值得玩味。国王想以丰厚的嫁妆把女儿下嫁一个卖牛肉的屠夫！照说，这是一个“天上掉馅饼”的美事，该屠夫应该“谢主龙恩”才是。可是屠夫吐以经验推断：国王的女儿长得太丑，不得已才带着丰厚的嫁妆下嫁平民。

这个故事，对于经济学研究，至少有三个方面的启示：

其一，经验知识很重要。诺贝尔经济学奖得主阿罗曾指出：“知识来自于实践。只有当人们去尝试解决问题时，知识才会发生，并且也只有在这种行动中才会产生知识。”工人从实际生产中获得的经验会提高工人的生产率，这意味着在任何给定的要素禀赋下，经济的生产可能性边界会向外扩张。当然，这是狭义的看法。

广义地看，从现实角度，人总是以自己可以理解的方式来安排自己的生活。因此，人的社会行动背后总是存在着某种知识图式。从而，经验知识含量不同的人们，其决策方式、方法等也不相同。就如“屠夫辞婚”的故事中的吐，他在卖肉中掌握了“好货不便宜，便宜没好货”的经验知识，就能够推断出齐王嫁女的缘由，从而选择辞婚的行为；但是，他的朋友由于不具备这种经验知识，从而以为与齐王攀亲是美事。

沿着这种思路，浙江大学的汪丁丁提出知识具有沿着时间和空间互补的特性；长沙理工大学的朱锡庆则认为，经验知识潜生暗长，不断积累，使行动范化为惯例并持续优化。人的行为方式、制度以及所有被叫做“制造”的东西，其实都带有某种程度的“自发性”，它根源于作为活动副产品的经验知识及其作用。

其二，好的经济学原理，往往可以与经验知识相印证。譬如，屠夫吐的经验知识，与经济学中的需求定律可以相互印证。需求定律说的是，在其他条件不变的前提下，人们对某种有形或者无形产品的需求量，与（预期）付出的代价反向变动。其等价表述，即比较容易得到的东西相对于较难得到的东西，花费的代价相对较小，人们往往不加以珍惜。例如，人们一般对花费几十万元买的车，珍惜程度远超过数千元买的数码相机。

同样的道理，在谈恋爱中，一方对主动追求自己而自己对其没有感觉的人，评价不高，因为其带来的预期效用较低，相应的需求量也较低；而对于自己使出浑身解数展开追求，但对方迟迟不表露青睐的人，评价很高，这是因为其带来的预期效用很高，相应的需求量也很高；对于追不到手的人，需要付出的代价趋向无穷大，于是评价最高。这是因为其带来的预期效用趋向无穷大，相应的需求量也趋向无穷大。最后一种情况，是价格趋向极端的时候的情景，据澳大利亚莫纳什大学经济学教授黄有光的介绍，经济学文献中没有讨论过这种现象。

所以，在现实生活中，人们凭借常识，遵循着需求定律。就如“屠夫辞婚”的故事那样，主动送上门来的爱情，人们往往评价很低，甚至加以拒绝。

其三，俗话说“眼见为实”，但实际上眼见的不一定为实。也就是说，有时候，经济学原理与经验矛盾，此时需要考察经济学原理的约束条件。

譬如说，与“屠夫辞婚”的故事相反，徐志摩对林徽因的感情至死不渝，已传为爱情佳话，该如何解释？有人认为这与需求定律相冲突，我不同意。我认为，原因就在于：徐志摩至死没有得到林徽因。从经济学角度看，对于徐志摩而言，要得到林徽因，需要付出的代价趋向无穷大，从而林徽因给他带来的预期效用趋向无穷大，因此，徐志摩对林徽因的感情至死不渝。

“不龟手之药”的增值收益

同一种“不龟手之药”，增值之所以不同，是因为漂洗匠距离“市场”（也就是吴王的需求）比较远；但客商距离“市场”比较近。这个“距离”不一定是指地理上的，也包括知识、智慧等方面的距离。如果漂洗匠知道吴王的需求，自己拿着药方找吴王，他也能获得“裂地而封”。

《庄子·逍遥游》中讲述了这样一个寓言故事：

宋人有善为不龟手之药者，世世以洴澼洸为事。客闻之，请买其方百金。聚族而谋曰：“我世世为洴澼洸，不过数金。今一朝而鬻技百金，请与之。”客得之，以说吴王。越有难，吴王使之将。冬与越人水战，大败越人，裂地而封之。

这段话译为白话文，大意是：

宋国有一个人善于配制不皲手的药，他家祖祖辈辈以漂洗绵絮为业。有人听说了，就请求用百金买他的药方。这位宋国人召集全家商议说：“我们世世代代漂洗绵絮，收入不过几金。现在卖药方一下子可以得到百金，就卖给他吧。”那人得了药方，便去游说吴王。这时越国来侵犯吴国，吴王便命他统率军队。冬天和越军进行水战，把越军打得大败。吴王便划了一块土地封赏给他。

当然，庄子并非想展示其商业智慧，而是想揭示这种现象：同样的东西，运用不同，结果将存在天壤之别。

看了这则寓言故事，我关心的第一个问题是：漂洗匠与客商的这场交易是否合理？

客商以“百金”的代价，获取漂洗匠的秘方大获其利，博得“裂地而封”的好处，漂洗匠却依然过着贫穷的日子。这好比自己家的一只古碗，以前用来吃饭，结果客商以普通吃饭用碗的价格拿走，却以古董的价格出售。

如果你认为客商是在占漂洗匠的便宜，那么漂洗匠当初为什么要把药方卖给客商？交易讲究公平。所谓公平，是指在非欺诈、非强制的前提下交易。显然，客商并没有欺诈或者强制交易，这是一场自愿的双边交易。

说到底，“眼光”或者智慧也是一种“经济租”，从而每个人都有比较优势。如果剥夺客商的盈利能力，那么，客商没有积极性将药物的新用途开发出来，也就不会有吴王打胜仗的结果。

假设漂洗匠拥有足够的智慧，知道这个药方可以用于行军打仗，他绝对不会把药方以“百金”的价格出售，而是亲自将药方献给吴王，那么，得到“裂地而封”结果的就不是客商了。

不过，现实中很可能存在这样一种情况：当地某官员听说了这个药方，也知道它可用于行军打仗，便强行征购药方，并按照原用途给予漂洗匠补偿（或许比“百金”还要少）。这个官员却将药方献给吴王，并最终获得“裂地而封”的结果。

这样合理吗？不合理。因为，政府应当置身市场交易之外，作为“裁判员”，而非“运动员”。古典政治经济学家们和自由主义思想家们普遍认为：政府是一种必要的恶，因此必须受到限制。所以，有经济学者说：当市场上的竞赛主体只是一些集合的、模糊的身影时，竞赛的魅力就已经失去了。

由此，想想中国现行的征地制度吧。城乡结合部的一块农用土地，转换用途如作为商业用地，则其市值将大幅度飙升。农民应该获得什么样的补偿？按照中国现行制度安排，确定征地补偿费和安置补助费标准的依据是土地被征前三年平均年产值，征用耕地的征地补偿费和安置补助费达到被征地前三年平均年产值的 10—16 倍即符合法律规定。各地在执行此规定的时候，差别在于倍数不同。

中国的征地补偿问题，与“不龟手之药”的故事原理相通。在征地过程中，农民知道农地转换为非农用地之后的价值增值现象，但是，在现行制度安排下，农地不能直接入市交易，必须经过政府征地环节，将集体所有制性质的农地转换为国有性质的非农地，才可以进行土地使用权的出让。在这个过程中，一块农地农民可能只获得 5 万元的补偿，转为非农用地拍卖之后，价值 100 万元。

这就与“不龟手之药”的故事有些差别，因为，客商与漂洗匠之间是自愿交易，漂洗匠不知道转换用途之后的增值；征地则不同，是由本应当作为“裁判员”的政府组织强制实施，被征地农民也知道转换土地用途之后的增值。所以，在国外特别是市场经济国家，如果确实为了“公共利益”需要征地的，也是按照“市价”补偿，也就是说，一块土地，如果直接入市交易，可以获得 100 万元钱，那么，如果政府要征购，就按照 100 万元的价钱购买。中国征地制度改革的方向，应该是限定为“公共利益”而征地，且按照市场价格补偿。

我关心的第二个问题是：为何增值有差别？也就是说，“不龟手之药”，同样是用来护手，用于漂洗业，它的价值不过“百金”；

用于行军打仗，却可“裂地而封”。

我先讲一个真实的例子。我曾经给某刊物写经济学专栏，一位浙江的读者给我写信，说城市郊区土地每亩数十万元，而乡村最高也不过几万元。同样的土地，肥沃程度并没有天壤之别，甚至乡村的土地更肥沃，为什么征地补偿差异这么大？乡村农民对此很是想不通。这位读者提出建议，为了体现公平原则，将城郊和乡村的土地征用补偿标准统一起来，努力消除差距。

这样做，就公平了吗？我认为，不公平。事实上，早在200多年以前，古典经济学家李嘉图（David Ricardo，1772—1823）在《论利润》一文中已对这个疑问作出解释。李嘉图说：“农夫愿意出较高价格租下靠近市场的农地，因为这可节省下运费、时间和运输途中的损耗。这就是说，越接近市场，土地的租金越高。”这段话很容易理解。同样肥沃的土地，都市附近的比乡村地带能提供更多的地租。耕作后者，所耗费的劳动量与耕作前者所耗费的劳动量虽然相同，但乡村的产品运到市场，需要耗费更多的劳动量。

随着城市化进程的加快，许多郊区划入城市，远郊变为近郊，从而使产品的运输、人才、资金、技术等在区域内的流动变得非常便捷、迅速，这相应地减少了本来是郊区和远郊的广义运输费用。与此同时，修建铁路、公路，搞好开发地区的水电道路建设，搞好各种建筑和服务设施等，也使一些地方获得了良好的经营条件。所以，在这些软硬环境比较好的地域搞企业，相对于更远的乡村，单位面积土地上的投资所能够获得的回报将大大增加。看来，距离“市场”越近的地方，投资单位面积土地的回报越高，地价也相应地提升。

那么，回过头来看“不龟手之药”。增值之所以不同，是因为漂洗匠距离“市场”（也就是吴王的需求）比较远；但客商距离“市场”比较近。这个“距离”，不一定是指地理上的，也包括知识、智慧等方面的距离。如果漂洗匠知道吴王的需求，自己拿着药方找吴王，他也能获得“裂地而封”。

而今，如何理解和运用好“距离”问题，已经是经济学的一个很基础的问题。

在现实生活中，你一定碰到过这样一种有趣的现象：在经济观念比较强的地方，如果盛产苹果，那么，在当地肯定难以发现优质苹果。

在经济学上，这是“第三需求定律”（The Third Law of Demand）所解释的。它说的是，当相同的附加成本被加在两个相似的商品价格上时，其结果是人们会增加对优质商品的相对消费量。

优质苹果被外运的道理很简单：如果在当地购买一个优质苹果要花费1元钱的话，而非优质苹果需要0.5元钱，那么，吃一个优质苹果与吃两个非优质苹果所花的钱数相当。如果将一个苹果运到北京的运费是0.5元钱的话，那么，在北京，一个优质苹果的价格将是1.5元，而一个非优质苹果的价格将是1元。于是在北京，吃两个优质苹果的花费就相当于吃三个而不是四个非优质苹果。所以，加上运费，在北京，尽管两种不同质量的苹果价格都提高了，但优质苹果相对变便宜了。

美国乔治梅森大学（George Mason University）的经济学教授泰勒·科恩（Tyler Cowen）曾指出，“此定理适用于任何长距离关系。简单地讲，这一定理认为，澳大利亚人喝的加利福尼亚葡萄酒要比加州当地人喝的品质更高，反之亦然，原因是只有最昂贵的葡萄酒才值得付出运输成本。同样，你不会为了吃一顿印度外卖或是为了在电视机前待一个晚上，而大老远跑过去看你的男友。为让旅行的固定成本物有所值，你会要求有香槟、令人动心的谈话以及精力充沛的性生活。”

可见，深入理解了“不龟手之药”以及相应的“距离”问题，你或许能够明白如何争取最大化的增值收益。

“正昼攫金”：犯罪经济学

在经济学者看来，人类的任何行为都是在约束条件下进行成本—收益权衡的结果，犯罪也不例外。犯罪的存在，除了有供给（犯罪人），也有需求（受害人和消费者），还有强制和干预手段（政府干预），否则，这个世界上不存在犯罪。

战国列御寇《列子·说符》讲述了一个“正昼攫金”（也称齐人攫金）的寓言故事（《吕氏春秋》卷十六“去宥”曾引用），原文为：

昔齐人有欲金者，清旦衣冠而之市。适鬻金者之所，因攫其金而去。吏捕而束缚之，问曰：“人皆在焉，子攫人之金，何故？”对吏曰：“殊不见人，徒见金耳。”

这段话译为白话文，大意为：

从前齐国有一个很想得到金子的人，一天早晨，他穿好衣服，戴好帽子，到集市上去了。他走到卖金子的地方，抓了人家的金子就跑。官吏捉到了他，问他说：“人们都在那里，你为什么拿人家的金子？”他回答说：“我拿金子的时候，没有看见人，只看见了金子。”

“正昼攫金”，一般用来形容某些人因贪利而失去了理智，利欲熏心，不顾一切。

在当时（战国时期），“正昼攫金”是一种犯罪，轻者被判服苦役，重者处死；后来的《明律》将此定为“白昼抢夺”罪，相应的刑罚是服一百杖刑和三年徒刑，如果有伤人情节的，处以斩刑；在中国现行《刑法》中，“正昼攫金”行为构成了“抢夺罪”，即以非法占有为目的，乘人不备，公开夺取数额较大的公私财物的行为，数额特别巨大的处 10 年以上甚至无期徒刑。

那么，这位“齐人”为何要犯罪呢？在经济学者看来，人类的任何行为都是在约束条件下进行成本—收益权衡的结果，犯罪也不例外。犯罪也是犯罪人在约束条件下的理性选择。当然，犯罪的存在，除了有供给（犯罪人），也有需求（受害人和消费者），还有强制和干预手段（政府干预），否则，这个世界上不存在犯罪。

犯罪的供给。《新帕尔格雷夫经济学大辞典》的词条“犯罪与处罚（Crime and Punishment）”称，“犯罪人的选择，按照预期效用最大化行动。影响选择的主要机会被认为有（所意识到的）拘捕、定罪和处罚的可能性，以及所实施的边际处罚，与相应的犯罪有关的威慑因素变量；非法活动和合法活动与失业风险相比的边际收益；以及初始的财富状况。”

由此可见，犯罪跟其他经济行为没有什么不同，要考虑成本、收益以及初始财富状况。

通常的犯罪经济学文献，主要关注犯罪的成本与收益。犯罪也是一项核算成本收益的经济活动。犯罪者按照预期效用最大化行为，要么提高犯罪收益，要么减少犯罪成本。

犯罪的收益，抢劫是为了获得金钱，强奸是为了生理上的满足……不过，很多时候，犯罪收益的选择范围缺乏弹性，多半靠市场现有的经济状况而定。

至于犯罪成本，它包括：一是直接成本，即实施犯罪过程中产生的成本，包括作案工具、作案经费、作案时间等直接用于犯罪的开支；二是惩罚成本，即犯罪被司法机关侦破并被判处刑罚对犯罪分子所造成的经济损失（如被处罚赔偿的问题），以及可能家庭分裂，个人婚姻亲情的破裂，自我尊严的丧失，等等，此外，金钱与心理的成本都应计入。

犯罪需求。《新帕尔格雷夫经济学大辞典》的词条“犯罪与处罚（Crime and Punishment）”称，“对于犯罪人的刺激常常来自于并且部分的受到消费者和潜在的受害者的控制。”是的，那些贩毒犯罪，如果没有吸毒需求，也就不会存在。记得鲁迅曾说过，“自然，各种各式的卖淫总有女人的分。然而买卖是双方的。没有买淫的嫖男，哪里会有卖淫的娼女。”（鲁迅：《南腔北调集·关于女人》）当然，即使是对受害者造成纯粹伤害的犯罪，也存在消极需求。

政府干预。经济学认为，犯罪是一种外在不经济，减少犯罪是一种公共的获益，所以需要采取行政和法律措施打击犯罪，并减少犯罪产生的土壤。

那么，看看“正昼攫金”，我想，这种犯罪的出现，恐怕是犯罪者低估了自己被抓获的概率。利令智昏（“我拿金子的时候，没有看见人，只看见了金子”）这话没有说服力。

在光天化日之下实施抢夺行为，犯罪分子必定有其理性的考虑。如果我们想当然，那么，“正昼攫金”的风险很大，被抓获的概率亦很大。但是，为何很多人依然采用“正昼攫金”呢？战国时期的案例已不可考，现今的案例或可印证。

我就遇到过“正昼攫金”。几年前，我在北京航空航天大学北门的一间店铺购买随身听，将自行车停放在店门口，相距不到两米，视野可见。当时我以为车近在咫尺，而且很快就会离开，就没有给车上锁。殊不知，就在我挑选商品的时候，一农民工快速骑上我的车就走，我立即追赶，却只见他的背影逐渐消失在远方的人流中。后来，店员说，附近有不少社会闲散人员专门偷车和抢车，店员们的自行车即便是锁在门外，也经常被偷。

先从犯罪供给方面分析。从其所意识到的被拘捕的可能性上看，他们显然做过预先分析。现行《刑法》对“抢夺罪”的界定，有八个字：“乘人不备，公开夺取。”也就是说，虽然是在光天化日下作案，但作案的时候是“乘人不备”，那么，犯罪分子预期被抓获的概率大大降低。而且，自行车偷盗案件破案率一直较低（《新安晚报》2007 年 3 月 13 日），针对抢夺、偷窃自行车的边际处罚也较少。

与此同时，抢夺和偷窃自行车的收益相当可观。2007 年 2 月 28 日，公安部治安管理局副局长马维亚介绍说，据抽样调查，近几年来，全国每年被盗自行车近 400 万辆，经济损失超过 20 亿元。社会的经济损失，就是盗窃分子的收益。

此外，抢夺和偷窃自行车的人，大多为社会闲散人员，他们不在乎声誉，加上收益的诱惑，有犯罪的积极性。

再看犯罪需求。据统计，全国大城市近一半人靠自行车解决出行问题，国内自行车市场每年需求在近 3000 万辆左右。市场需求很大，而自行车偷盗比重也很大。我周围的人，几乎没有人没丢失过自行车。那么，花费 300 元左右的价格购置一辆新自行车，和从黑市或者二手自行车市场花 50—100 元购置一辆旧自行车，被盗的概率是差不多的，一些人往往选择购买旧车。由于缺乏管理，很多偷车者将赃物通过修车店铺等途径销赃，于是，这个市场容量较大。

当然，我们研究“正昼攫金”，根本目的是了解犯罪的供求，并设法采取干预措施降低犯罪率。

从理论上讲，要降低犯罪率，必须加强行政干预，从抑制犯罪需求、提升犯罪的成本（减少犯罪供给）入手。

对于有些犯罪而言，抑制犯罪需求，特别是有直接犯罪需求的犯罪，是打击和减少犯罪的重要途径。例如，鉴于盗窃自行车违法犯罪活动猖獗，公安部等部门自2007年3—7月，在全国范围内开展了为期5个月的专项治理行动。按照新政策，购买被盗自行车将被罚款500元；明知是被盗自行车而销售购买将被追究刑事责任；为了从源头上治理自行车被盗问题，从2007年12月1日起，新上市的自行车车架上必须有15位身份证编码，没有它，自行车将不能出售。这些举措，极大地抑制了犯罪需求。从我个人的体验看，那以后，自行车一直没有遭到偷盗。

从供给角度看，提高破案率并给予犯罪行为以适当的处罚等等，是积极有效的。先看破案率，没有足够的破案率，就缺少对犯罪的威慑。英国的犯罪调查显示，被纳入正式统计的案件只占实际发案数的大约1/4。而且，这些记录在案的案件的破案率仅有约35%，像伦敦大都市警察辖区内破案率则不到20%。很显然，只有为数很少的犯罪案件受到了刑事司法系统的追究，这样一种追究率很难对犯罪起到震慑作用。至于处罚（边际处罚），需要考虑与激励相容，也就是说，人们选择某项行为可能给其他人带来危害，如果要减少或者杜绝这种危害，就需要实施相应的惩罚。这种惩罚的程度不能太高，也不能太低，而是恰到好处。如果惩罚给行为人带来的成本与犯罪给他带来的好处相比较，成本小于好处，则惩罚起不到作用；如果成本恰好等于或者稍微大于好处，则惩罚是有效率的；但如果成本远远大于好处，则惩罚也没有效率，道理很简单，如果被当场逮住的小偷却要被打死，则小偷就有很大的积极性杀人灭口；同样的道理，如果未成年人犯罪可以减轻刑罚或免予惩罚，意味着犯罪成本大大减少，将在某种程度上激励未成年人去犯罪。

当然，犯罪也是有社会环境的。一是不合理的管制制度，可能激励了犯罪行为。自20世纪90年代，美国连续十余年的犯罪率下降，引起国际犯罪学界的重视。据悉，全美1990—2000年的谋杀案下降了55%（其中纽约下降71%），抢劫案下降了43%（其中纽约下降65%），入室盗窃案下降了41%（其中纽约下降67%），机动车盗窃案下降了55%（其中纽约下降73%）。

美国芝加哥大学经济学院终身教授史蒂芬·列维特（Steven D. Levitt）研究发现，美国最高法院于1973年通过的堕胎合法化法案，才是导致犯罪率大幅下降的关键所在。他的逻辑是，选择堕胎的少女往往没有能力给孩子提供一个良好成长环境，如果强迫她们生下孩子，那么孩子成长环境很可能使他们走上犯罪道路，所以堕胎合法化使得这些潜在的罪犯胎死腹中。

二是一些人组成利益集团，不仅是通过寻租活动来影响政府政策来分蛋糕，而且通过明目张胆的经济犯罪（如偷税漏税骗税、假冒伪劣等欺诈行为）来抢蛋糕。2000年8月7日，为集中查处潮汕地区偷税，国务院总理办公室决定组成出口退税调研组，即国务院807组。“807”工作组在调查过程中就发现：“有的基层政府领导，直接指挥财政所长、税务所长为虚假企业服务；有的税务干部，自己开办多家虚假公司，骗税数千万元。检查人员还发现，有的虚假企业不仅取得进出口经营权，甚至还被外经贸部门评为省、部级‘出口创汇先进单位’，工商管理失控、虚假企业成堆。”

三是经济环境。初始的财富状况，是一个很重要却容易被忽略的犯罪因素。亚当·斯密曾经说过：“富人的阔绰会激怒贫者，贫人的匮乏和嫉妒，会驱使他们侵害富者的财产。”所以，要多关注弱势群体和低收入者的利益，避免收入分配距离太大；并且让整个社会经济水平上升，不要让一些人觉得犯罪所得会比奉公守法所得要高。

总之，从犯罪供求双方入手，强化行政干预，并减少犯罪的社会环境，那么，犯罪行为将大大减少，这样的社会才是幸福的。

“和氏献璞”：博彩经济学

国内外经济学界的主流观点认为博彩属于“零和博弈”。可是，“和氏献璞”中的和氏，虽然在这场赌博中先后失去双腿，却最终证明他所献的璞中有天下至宝。这并非零和博弈。

《韩非子·和氏第十三》讲述了一个被后人称为“和氏献璞”的寓言故事，原文为：

> 楚人和氏得玉璞楚山中，奉而献之厉王。厉王使玉人相之。玉人曰：“石也。”王以和为诳，而刖其左足。及厉王薨，武王即位。和又奉其璞而献之武王。武王使玉人相之。又曰：“石也。”王又以和为诳，而刖其右足。武王薨，文王即位。和乃抱其璞而哭於楚山之下，三日三夜，泪尽而继之以血。王闻之，使人问其故，曰：“天下之刖者多矣，子奚哭之悲也？”和曰：“吾非悲刖也，悲夫宝玉而题之以石，贞士而名之以诳，此吾所以悲也。”王乃使玉人理其璞而得宝焉，遂命曰：“和氏之璧。”

关于这个寓言故事，俞志慧在《韩非子直解》（浙江文艺出版社 2000 年版）一书中解析称：此文从和氏献璞于王反遭刖足的千古奇冤中兴起法术之士不遇明主的感慨，以玉璞喻法术，以贞士卞和喻法术之士兼以自比，以和氏的遭遇比喻法术之士所受到的排斥和陷害，又感慨于法术者之前辈吴起、商鞅的不得善终，道尽了韩非子的愤懑和恐惧。

俞志慧的解读，大致合乎韩非子的原意。不过，韩非子并没有那么悲观，实际上，他以“王乃使玉人理其璞而得宝焉”为故事的结局，说明他依然充满希望。不过，作为经济学者，我更感兴趣的是：和氏为什么不把玉璞剖开，直接向国王献玉？

和氏获得的玉璞，现在一般称为璞石（或者毛石、原石、毛料、玉料），即蕴藏有玉的石头。璞石在开采出来时，有一层风化的皮壳包裹，无法知道其内是否有玉或者玉的质量好坏。即使到了科学技术如此发达的今天，也没有一种仪器能通过这层外壳较容易判出其内是“宝玉”还是“败絮”。现在的玉石界有句行话，叫做“神仙难断寸玉”。

我想，和氏之所以向国王进献璞石，而不是剖开的玉，很可能是因为他不善长（或不懂）“解玉”（“解石”或“切石”）以及加工制作工艺。

获得一件玉石产品，需要经过相玉、解玉、磨玉、雕玉几个环节。和氏获得璞石，并认定它是一块藏有“宝玉”的璞石，这只是完成了“相玉”这一步骤。“解玉”、“磨玉”等同样是非常专业、很复杂，风险极大的一项工作。

古代璞石加工手法包括切磋、琢磨等，《诗经》中就有“如切如磋，如琢如磨”的字句。我们看看近代璞石加工情况，就知道这项工作有多么的复杂。

根据清光绪十七年李澄渊所绘《玉作图》（现藏故宫博物院玉器馆，共12幅图，每图分上下两部分，上部描绘出制玉的手法，下部描绘出此手法所使用的工具），制玉的主要步骤为：（1）捣沙和研浆，得到颗粒均匀的石沙，用来解剖玉璞、琢磨玉器。(2) 开玉，就是把璞石外表的石头削掉。(3) 扎砣，即是利用砣具解玉成方块或方条，经过设计、画样后，大片裁去多余玉料使玉器粗具雏形。(4) 冲砣，即粗磨，相当于做胚。(5) 磨砣，在胚的基础上磨出细节。(6) 掏堂，便是挖空容器的内部。(7) 上花，即在磨好的器物上琢磨出各种花纹。(8) 打钻。这是对于一些要雕琢镂空花纹的玉器，所做的一个重要步骤，需使用专门工具把玉钻出圆洞。(9) 透花，即做透雕、镂空。(10) 打眼，在玉器上磨出一个眼儿。这是专门对付像鼻烟壶、扳指、烟袋嘴之类的小件而又有固定形状的玉器，要钻孔时所用的特殊技巧。(11) 木跎。木跎是磨光的砣，一般是用葫芦瓢作的。目的是把已雕琢好了的玉器外表仔细的磨光。(12) 皮砣。皮砣是牛皮制成的，是玉器的最后工序抛光上亮用的。

从上面可见，清朝的玉石加工工艺已经比较成熟，现代的加工步骤与此相比差别不大，只是将其中一些手工工具更新为电动工具而已。但是，加工步骤依然非常繁复，缺乏专业知识积累的人，很难掌握这些技术。

那么，比《玉作图》（光绪十七年，即 1891 年）早 2700 多年的和氏时代，玉石加工水平相对非常落后的。现代“解玉”行内尚有“一刀穷来一刀富，一刀披麻布”之说，何况距今 2700 多年以前的和氏时代。

和氏献璞而非玉，除了前述技术因素，或许存在博彩心理。按照现代人的说法，和氏的行为，是一种“赌石”行为。

澳大利亚博彩学者麦克费尔森（John Mcpherson）在其所编著的辞典 *Beating the Odds* 中，给“博彩”（Gamble）一词下的定义为：以任何方式对注码展开的竞争；用钱或任何有价物对一个具有不确定性的最终结果进行冒险；在一个碰运气的游戏中，用钱或其他有价物进行冒险。从广义上说，人们在面对任何不确定性而采取行动时，皆是一种博彩；博彩因而在人类生活中无处不在。狭义的博彩：是人与人之间靠运气以决胜负的竞争方式，是人类诸多决胜负的竞争方式中的一种。赌场中的赌博，显然属于狭义的博彩。

赌石，是以璞石为注码，进行的一种博彩行为。玉石交易中最赚钱的，最诱惑人的，但也是风险最大的，非赌石莫属。按照游戏规则，所有赌石都可以不加工，而以原石购买；愿赌服输，风险自负，即无论赌石的结果是赌输或赌赢，买家自己承担。那些参与赌石的人，唯有凭着自己的经验，依据璞石皮壳上的表现，反复进行猜测和判断，估算出价格。买回来可能一刀剖开里边是“宝玉”，顿时价值成百上千万，也有可能里是“败絮”，瞬间变得一文不值，这就是赌石的风险。一块石头可能使人一夜暴富，也可能使人一夜之间倾家荡产。与赌石交易相比，股票、地产等冒险交易均属温情的而相形见绌。

那么，与赌石相类似的博彩行为，是否是非理性行为？而今，不少研究博彩的学者，是从病理学或心理学角度入手的，多认为沉迷于博彩行为的人是病态的。问题是这个解答并不能帮助我们理解博彩行为。病态和非理性是没有层次性的，即使从大体原则上，它也无法被度量。因为它是对我们无法理解的行为的全部概括，是那种无法阐述清楚的东西。

博彩行为符合经济学理性假设。现实社会中，人们面临的多为概率决策，也就是说，几乎所有的人类决策，都可纳入广义的博彩范畴。《鲁宾逊漂流记》中，鲁宾逊在荒岛上独自一人，也存在博彩。当他深入荒岛寻找水源时，他押的赌注是：不会遇到猛兽被吃掉，不会迷路而渴死。如果赌输了，他是输给了自己的坏运气，而不是输给了他人。

从狭义角度看，博彩参与者的比重很大，而上瘾者的比例很小，则不能简单地将其归结为非理性行为。香港特区政府民政事务局委托香港理工大学所做的研究《香港人参与赌博活动情况研究报告》（2002 年 3 月）显示，15—64 岁的香港居民，参与本地法律认可的赌博活动的（即六合彩和赛马），占 67. 6%。又如，据加拿大博彩商会（Canadian Gaming Association）估计，全国所有博彩机构 2006—2007 年度总收入为 133 亿元，加拿大人参与赌博活动的百分比大约为 85%，基本上与全球平均水平差不多，而患上赌瘾的比例则在 0. 5%—1. 5% 之间。华中科技大学数学系黄布橹等在中国内地所作的一份随机调查中显示，在有效回收的 1496 份问卷中，有 1323 份是参与购买地下六合彩的，购买率高达 88. 5 %。购买者涉及教师、医生、工人、干部、自由职业者、农民等各个行业，及从十几岁到六七十岁的各个年龄阶段（《应用数学》2005 年第 18 期）。

从科学发展的角度看，博彩的启发意义极大。概率论萌芽之作最早可归属于 1663 年意大利数学家卡尔丹（G. Cardano，1501—1576）撰写的《游戏机遇的学说》，在这本书中卡尔丹讨论了关于两人赌博中断后如何分赌本的问题，且也提出了“大数定律”等基本的概率理论之原始的模型。现代经济学中的“博弈论”，也是在概率论基础上发展起来的。

不过，虽然博彩属于一种理性的经济行为，但是经济学对博彩有不同看法。如茅于轼在《赌博在美国》一文所说，赌博在法律和道德上都是有争议的。经济学证明了赌博会使效用遭到损失，即使输的钱等于赢的钱。“输的钱等于赢的钱”，等于说博彩属于“零和博弈”。这其实也是国内外经济学界对于博彩的主流观点。顺便说一句，关于经济学所分析的，基本上是狭义的博彩。

认为博彩属于“零和博弈”，意味着博弈各方的收益和损失相加总和永远为“零”。也可以说：自己的幸福是建立在他人的痛苦之上的，二者的大小完全相等，因而双方都“损人利己”。那么，博彩对于整个经济根本没有生产意义，不会为社会带来利益。而根据边际效用递减规律（Law of Diminishing Marginal Returns），当博彩给人的新鲜感和满足感下降后，人们就需要更大的投注额及更新颖的赌博方式来得到同等的刺激感（就如吃药一样），以至于人们对赌博的需求越来越大。

且不论广义的博彩，那些狭义的博彩如骰宝、百家乐、轮盘、牌九、角子机（俗称“老虎机”）、赛狗、赛马、回力球、彩票等，不一定都是“零和博弈”。像牌九之类的博彩，输家所支付的金钱数与赢家所得到的金钱数完全相等，可以称为“零和博弈”。可是，赌石呢?《燕赵晚报》2009 年 5 月 8 日报道称，在石家庄首届赌石文化节上，一万多块石头受到追捧，每天都有数百人前去参观、参赌，日交易额最多达到 20 万元。花几千或几万元买来看似普通的一块石头，一刀下去可能一无所获，亦可能一夜暴富。我们可以简单分析一下，如果你花费 5000 元买一块毛石，解开却发现一无所获，那么，你失去的 5000 元，就是卖方所获得的，这是一个零和博弈；但是，如果你“运气好”或者专业眼光高，买来的毛石中有上好的翡翠，那么，你可能赚数万元以上，那么，这场赌石就不是零和博弈了。同样的道理，“和氏献璞”中的和氏，虽然在这场赌博中先后失去双腿，却最终证明他所献的璞中有天下至宝。这也不是零和博弈。

当然，如果广义看待收益，多数狭义的博彩并非“零和博弈”。那些看似零和博弈的博彩如牌九，其实是因为我们狭义化了收益的概念，即参与方从中获得的心理感受被忽略了。就如我们在 BBS 或 QQ 上耗费很多时间，付出大量的上网费，从表面上看，并没有获得什么“好处”（即收益或收入）。但实际上，我们获得的是心智上的收益，是序数效用论所研究的那种收益！人生最需要的收益，难道是金钱？不，是心理感受的愉悦。

香港大学的张五常曾经在《论赌》一文说，“赌博是一种娱乐，可以消磨时间。”我想，如果我们从这个角度对待博彩，或者参与者也都如此看待博彩，则善莫大焉！

“猎者齐人”与迂回生产

现实生活中，无论实现什么目的，似乎都要像“猎者齐人”那样，采取迂回的方式，通过中间环节达到目的。

《吕氏春秋·不苟论第四》讲述了一个“猎者齐人”的寓言故事，原文如下：

齐人有好猎者，旷日持久而不得兽，入则羞对其家室。出则愧对其知友，其所以不得之故，乃狗劣也。欲得良狗，人曰：“君宜致力于耕作。”猎者曰：“何为？”人不对。猎者自思，得无欲吾致力于耕作有获而后市良犬乎？于是退而疾耕。疾耕则家富，家富则市得良犬，于是猎兽之获，常过人矣。

这段话译为白话文，大意为：

齐国有个爱好打猎的人，长时间没有捕到猎物。他在家觉得愧对家人，在外觉得愧对朋友。他认为捕捉不到猎物，是因为猎狗能力差，想要买好狗。有人说：“你应该努力耕作。”他问：“为什么呢？”，那人不回答。他暗暗思忖，莫非是要我努力耕田，有了收获，就有钱买到好狗了吧？于是他就开始努力耕地，很快，家里就富裕起来，家里富裕了就能够买到好狗，于是他所捕到的猎物，也比其他人更多。

语文教科书中说，这则寓言说明事物之间是相互联系的，办事要考虑到各方面的因素。我认为，这么理解没有错，但过于简单化。

在经济学家看来，这则寓言故事强调的其实是庞巴维克所说的“迂回生产”，进一步引申，可以解释企业（Firm）的起源。

现实生活中，无论实现什么目的，都要像“猎者齐人”那样，采取迂回的方式，通过中间环节达到目的。要拥有一套住宅，你需要出卖自己的劳动，换取货币，用货币购置住宅；为了获得更高的收入，你可以上大学学习知识，毕业之后找个雇主，用你的知识和汗水获得收入；为了当老板，你需要通过工作或其他方式，积累一定的资本，然后注册公司，购置办公所需固定资产（如办公用房、各种办公设备等），招聘雇员，开始营业……

为什么必须经过中间环节呢？在缺乏分工的条件下，迂回生产带来的效率更高。不妨以捕鱼为例。如果你不使用任何工具，赤手空拳地去捕鱼，你可以马上捕到鱼（即时生产），但由于产量很低，只够你即时的消费。如果先织网，然后用这渔网（生产工具）捕鱼，产量会大增。但问题在于，织网需要花费十天半月的时间，在织网期间，你还是需要消费，却无鱼可吃。怎么办？你可以在织网期间去向别人借鱼度日。在织好网捕到足够多的鱼之后，你可以把当初借的鱼连本带息还清。由于张网所捕的鱼，产量远远高于赤手空拳时的，在还掉你织网期间度日所借的鱼的本息后，你还可以保留一些盈余，因此这种先生产生产工具（渔网），再生产消费品（鱼）的迂回生产方式，其效益要比直接生产消费品的生产方式要高。

存在分工时，迂回生产带来的效率远较缺乏分工的情况为高。人们按照基于要素禀赋的比较优势进行生产，如张三擅长种稻子，李四擅长种小麦，那么，二人可以分工，张三只种稻子，李四只种小麦，收成之后交换。这样一来，他们每个人获得的收益比不分工时的要大。当然，在这里，两个人的分工类似企业间的分工，如果张三、李四在同一个企业中，进行协作性的分工，结果会怎样？假设张三对于扣针制造没有受过训练，又不知怎样使用这职业上的机械，那么纵使他竭力工作，也许花费一天的时间也制造不出一枚扣针。但分工之后，每个人各专一项，则组合生产的效率将大为增加。例如，张三和李四两个人组成的一个小作坊，机械设备很简陋，但他们一天能制造500枚针。有了分工，同样数量的劳动者就能完成比过去多得多的工作量，其原因有三：第一，劳动者的技巧因业专而日进；第二，由一种工作转到另一种工作，通常需要损失不少时间，有了分工，就可以避免这种损失；第三，许多简化劳动和缩减劳动的机械的发明，使一个人能够做许多人的工作。

显然，企业就是人们为了获取巨额利润而发明出来的一种迂回生产手段。而这种迂回生产手段之所以能实现人们的需要，是因为人们的分散力量被整合起来，通过分工合作，节约了生产成本，实现了创新。与此同时，作为副产品，交易成本也被大大节约。不过，我们不能说，企业的出现和存在是为了减少交易费用。在企业发展的早期，人们首先考虑的并非交易费用，而是如何积聚力量和节省生产费用。即使在企业发展的成熟期，也不能简单地将问题归结到交易费用上。比如说，创设一家咨询公司，你得考虑资金、人才、办公场地、市场定位和市场需求等因素，可行性研究之后，申请牌照，开展业务。很多人不开办咨询公司，而是在别人的公司中工作，接受别人的指使，是因为他们不具备资金、人才等必要要素。当然，有的人因为担心风险而不敢开办公司。

看来，如果想获得巨额财富，依靠单打独斗，难成气候。得从“迂回生产”开始，特别是建立企业，通过分工协作，将分散的力量积聚起来。

从“买椟还珠”看效用比较

就如苏轼的名句所说，“横看成岭侧成峰”，换个角度，即从经济学角度看，“买椟还珠”揭示了一个重要的经济学道理：效用的人际不可比较。

“买椟还珠”出自《韩非子·外储说左上》，原文为：

楚人有卖其珠于郑者。为木兰之柜，熏以桂椒，缀以珠玉，饰以玫瑰，缉以翡翠。郑人买其椟而还其珠。

其大意为：

有个楚国人把珍珠装在木匣子里，到郑国去卖。有个郑国人认为匣子漂亮，就买下木匣子，把珍珠还给了卖主。

按照目前的中学语文教科书的解释，“买椟还珠”有以下寓意：（1）人的眼睛只盯着那只精美的盒子，结果却丢掉了真正有价值的宝珠。可见，做什么事情都要分清主次，否则就会像这位“买椟还珠”的郑人那样做出舍本逐末、取舍不当的傻事来。（2）商人过分注重外表，使装饰外表的价值高于珠子的价值。可以用来形容一些厂商为了获得利益，过分装饰外表，使得外表的价值高于商品的价值，从而使商品的价格提高了许多。(3) 现代还用做比喻花很高的资本取得了更少的回报，卖椟的人用一个“椟”得到了“珠”。(4) 形容目光短浅，取舍不当的人。

一言以蔽之，教科书认为“买椟还珠”是舍本逐末、取舍不当。

不过，现代市场营销学认为，“买椟还珠”启示了包装知识。《现代经济生活中的辩证法》(浙江人民出版社1997年版) 称，买椟还珠说明了包装的重要性。常言说得好：“红花虽好，还要绿叶扶持。”商品的质量和包装，犹如红花和绿叶。好的包装不仅能保护产品，便于携带，美化产品，提高身价，激起消费者的购买欲望，而且能起到无声推销员的作用。好的包装设计，不仅提高了商品的附加值，又是一种艺术形式。当一种产品质量一流时，包装即不好，也会造成滞销，这时，产品的包装就上升为主要方面了。如中国曾向美国出口小瓶青岛啤酒，原料和工艺是一流的，酒色清亮，泡沫细密纯净，喝到嘴里更是醇和可口，跟外国啤酒相比毫不逊色。可是青岛啤酒瓶的质量却很差，迟迟打不开市场。

在某种程度上，我赞同这种看法。美国杜邦公司曾提出著名的“杜邦定律”，即有63%的购买者是根据产品的包装而进行购买决策的。苏州檀香扇在香港市场的售价原为65元港币，改用锦盒包装后，增加成本5元，售价却提高到165元，而且销路大增，实是“买椟还珠”寓言故事的现代版。

其实，《韩非子》的原意也暗含了这一点。为了避免断章取义，且把《韩非子》上有关的全文引出来——

楚王谓田鸠曰：“墨子者，显学也，其身体则可，其言多不辩，何也?”曰：“昔秦佰嫁女于晋公子，为其饰装，从文衣之媵七十人。至晋，晋人爱其妾而贱公女。此可谓善嫁妾，而未可谓善嫁女也。楚人有卖其珠于郑者。为木兰之柜，熏以桂椒，缀以殊玉，饰以玫瑰，缉以翡翠。郑人买其椟而还其珠。此可谓善卖椟也，未可谓善卖珠也。今世之谈也，皆道辩说文辞之言，人主览其文而忘其用。墨子之说，传先王之道，论圣人之言，以宣告人；若辩其辞，则恐人怀其文，忘其用，直以文害用也。此与楚人鬻珠，秦伯嫁女同类，故其言多不辩也。”

从上下文可见，这位楚国的珠宝商，花了那么多的资金和精力去美化装珠宝的盒子，以至于郑国的顾客把盒子买走了，而忽视了他所要推销的珠宝。《韩非子》批评这位楚人“可谓善卖椟也，未可谓善卖珠也”，而完全没有指责郑人“买其椟而还其珠”。

当然，就如苏轼的名句所说，“横看成岭侧成峰”，换个角度，即从经济学角度看，“买椟还珠”揭示了一个重要的经济学道理：效用的人际不可比较。

先给大家介绍一下经济学中的“效用”观念。

在经济学中，效用（Utility，港译功用）是指对于消费者通过消费或者享受闲暇等使自己的需求、欲望等得到的满足的一个度量。满足程度越高，效用越大。如果消费某种物品时感到痛苦，则称为负效用。一种商品对消费者是否具有效用，取决于消费者是否有消费这种商品的欲望，以及这种商品是否具有满足消费者欲望的能力。

维基百科（http：//www. wikipedia. org）称，效用的概念是数学家丹尼尔·伯努利（Daniel Bernoulli，1700—1782）提出的。据说，18 世纪 30 年代，丹尼尔·伯努利的表兄尼古拉·伯努利提出一个谜题（即圣彼得堡悖论）：掷硬币，若第一次掷出正面，你就赚 1 元。若第一次掷出反面，那就要再掷一次，若第二次掷的是正面，你便赚2元。若第二次掷出反面，那就要掷第三次，若第三次掷的是正面，你便赚2×2元……依此类推，即可能掷一次游戏便结束，也可能反复掷没完没了。问题是，你最多肯付多少钱参加这个游戏？

丹尼尔·伯努利对这个悖论做了解答。在1738年的论文里，他提出了效用的概念以挑战以金额期望值为决策标准，论文主要包括两条原理：（1）边际效用递减原理：一个人对于财富的占有多多益善，即效用函数一阶导数大于零；随着财富的增加，满足程度的增加速度不断下降，效用函数二阶导数小于零。（2）最大效用原理：在风险和不确定条件下，个人的决策行为准则是为了获得最大期望效用值而非最大期望金额值。

那么，既然效用是用来表示消费者在消费商品时所感受到的满足程度，于是，就产生了对这种“满足程度”即效用大小的度量问题。在这一问题上，经济学家先后提出了基数效用和序数效用的概念。

基数效用（Cardinal Utility），是19世纪的杰文斯（William Stanley Jevons，1835—1882）、瓦尔拉斯（Léon Walras，1834—1910）和马歇尔（Alfred Marshall，1842—1924）等经济学家提出的。他们认为，效用如同人们的身高和体重一样是可以测量的。因此，效用的大小可以用基数（1、2、3…）来表示，正如长度单位可以用米来表示一样，具体的效用量之间的比较是有意义的。表示效用大小的计量单位被称为效用单位。例如，对某个人而言，吃一顿丰盛的晚餐和欣赏一场高水平的音乐会的效用分别为5个效用单位和10个效用单位，那么这两种消费的效用之和就是15个效用单位，并且欣赏音乐会的效用是吃晚餐效用的2倍。

1939年，英国经济学家希克斯（John Richard Hicks，1904—1989）提出了序数效用（Ordinal Utility）论。希克斯认为，效用的

数值表现只是为了表达偏好的顺序，并非效用的绝对数值。因此，效用只能用序数（第一、第二、第三……）来表示。也就是说，效用是一个有点类似于香、臭（或美、丑）那样的概念，效用的大小是无法具体衡量的，效用之间的比较只能通过顺序或等级来表示。比如，生活中你不会说“这朵花比那朵花香2个单位”，也不会说“这个女孩比那个女孩漂亮3个单位。”仍然以吃晚餐和欣赏音乐会为例，消费者回答的是哪种消费的效用是第一，哪种消费的效用是第二，或者说如果在两者中选择，消费者是宁愿吃一顿丰盛的晚餐，还是宁愿欣赏一场音乐会。

在现代的微观经济学教科书中，通常主张序数效用论。但无论哪种效用论，都认为人际效用是不可比较的（黎诣远，1987年）。也就是说，我们只能比较不同产品对同一个人的不同效用，而不能比较同一产品对不同人的不同效用。换句话说，效用只能进行“自我比较”（Intrapersonal Comparison），而不能“互相比较”（Interpersonal Comparison）。

那么，“买椟还珠”中，楚人与郑人的效用观显然是不同的，也是不可比较的。无论是“椟”还是“珠”，只是一种消费品（或投资品），购买者无非是期望从中获得“效用”，即欢欣、愉悦等心理满足或者经济收益（通过产品的再转让实现）。珠宝、匣子的价值（主观评价），在不同的人眼中是不同的，无论你看中的是哪一方面的价值，都无可非议。在楚人的心目中，珠宝的价值高于匣子；但是，在郑人看来，如此精心装点的匣子，已经成为一件艺术品，其价值超过了珠宝本身。用今天的眼光来看，郑人应该是一位艺术品收藏家。珠宝，俗物而已，在他眼里价值远远低于匣子，甚至是没有价值的。也就是说，在郑人眼中，珠宝对他的效用小于匣子。

不过，最近几年，对这个观点有不同的看法。著名经济学家、澳大利亚莫纳什大学教授黄有光提出了“一元等于一元”（或“一元就是一元”）的观点，认为效用是可以基数测量及人际可比的。如果是这样，假设珠宝的效用为 3 个单位，匣子的效用为 1 个单位，则“买椟还珠”中的郑人行为是非理性的，是无法解释的。

我于 2004 年 7 月 13 日发表的《对新兴古典经济学分析基础的质疑》，对杨小凯和黄有光提出的超边际分析提出一些质疑，其中也包括效用的人际比较观。我说，对不同价值之间的冲突，效用理论显得束手无策。

黄有光不同意我的看法，他于 2004 年 8 月 4 日给我的电子邮件称，“Dear Mr. Liu, Yes, I read your article which shows some degree of understanding of some relevant problems not usually seen in most articles in the web. However, on the two points I refer to, you are mistaken, in my view. Our new framework typically adopts the simplifying assumption of identical individuals（this method is used by many models of economic analysis）. It has no logical inconsistency. There may exist some indeterminacy. With all（or both）individuals identical, who should be the farmer and who should be the fisher - person is indeterminate. But this is not logical indeterminancy. On the social choice problem, please read 拙作《效率、公平与公共政策》，社会科学文献出版社 2003 年版，especially ch. 2。Also，ch. 5 of my Welfare Economics book。”（这封信的大意是：刘先生，是的，我读了你的文章，它不同于网上通常可以看到的那些，显示出对相关问题的某些程度的理解。然而，在我所谈到的两点上，我认为，你弄错了。我们的新框架典型地采纳了相同个体的简化假设，此方法被很多经济分析模型所运用，它不存在逻辑不一致的问题。也许存在一些不明确。当所有［或两个］个体相同，谁应该是农夫和谁应该是这个渔夫，是模糊的。但这不是逻辑不一致。在社会选择问题上，请阅读拙作《效率、公平

与公共政策》，社会科学文献出版社2003年版，特别是第2章。也可以读我《福利经济学》的第5章。）

我查找了相关著作，引述黄有光教授的关于效用论的“主要论点”如下：“笔者有一个简单的建议，可以大体上解决上述人际基数效用的矛盾。这建议是用人们最多愿意付多少钱的数额来测量人们偏好的强度，从而用这些金钱数额之无权总和之高低来决定社会之选择。不论穷人还是富人，一元等于一元。”（黄有光：《快乐、基数效用与人际比较：经济学者反主观概念的偏见》，香港《二十一世纪》2007年11月号）

从上面的引文可见，黄有光并没有有力地证明人际效用是可比的。黄有光说“一元等于一元”，从数量上看，可以这样认为。但是，“效用”是主观的心理感受，我偏好音乐会，花1000元看一场，也觉得非常值得；你不喜欢音乐会，花100元看一场，也觉得非常不值。相反，你偏好球赛，花1000元看一场，觉得很值得；可是我不喜欢球赛，花100元也觉得不值。那么，是否因为所花费的金额一样，就认为我从音乐会中获得的效用与你从球赛中获得的效用相等？显然不能。黄有光自己也认为，“你给李嘉诚十万元，他连眼都不眨一下；你给一个穷人同样的钱，他会高兴得跳起来。”

看来，无论是经济学的理论分析，还是现实生活中的应用，韩非子意义上的“买椟还珠”，是值得我们思考的。

“自相矛盾”：冲突的权衡

韩非子与儒家的论战，谁对谁错，并非本文关注的焦点。从经济学角度看，韩非子提出了一个至关重要的问题，即面临冲突之时如何权衡。

春秋战国时代，社会处于大变革时期，产生了各种思想流派，如儒、法、道、墨等，他们著书讲学，互相论战，出现了学术上的繁荣景象，后世称为“百家争鸣”。

当时，在中国思想界以儒家、墨家为代表，崇尚“法先王”和“复古”，韩非子为代表的法家学说坚决反对复古，主张因时制宜。韩非子攻击主张“仁爱”的儒家学说，主张法治，提出重赏、重罚、重农、重战四大政策，也就是说，他崇尚制度约束，反对“人治”。

韩非子的主张，是基于其对人性的基本假设。韩非子道：“好利恶害，夫人做所有也。”就是说，喜欢追求个人利益、规避厌恶危害，是人人都具有的想法。

韩非子从儒家典籍记载的“禅让”人手，阐述已见。按照儒家记载，尧以德治天下，并将帝王之位传给与自己毫无血缘关系的舜；后来，舜亦以德治国，将帝位传给禹。

韩非子认为，如果尧、舜都是圣人，从理论上是讲不通的。在《韩非子·难一》中，他做了如下论述——

历山之农者侵畔，舜往耕焉，期年圳亩正。河滨之渔者争坻，舜往渔焉，期年而让长。东夷之陶者器苦窳，舜往陶焉，期年而器牢。仲尼叹曰：“耕、渔与陶，非舜官也，而舜往为之者，所以救败也。舜其信仁乎！乃躬藉处苦，而民从之。故曰：圣人之德化乎！”或问儒者曰：“方此时也，尧安在？”其人曰：“尧为天子。”

接着，韩非子质问说——

然则仲尼之圣尧奈何！圣人明察，在上位，将使天下无奸也。今耕渔不争，陶器不窳，舜又何德而化？舜之救败也，则是尧有失也。贤舜则去尧之明察，圣尧则去舜之德化，不可两得也。

论述至此，韩非子讲述了一个被后世称为“自相矛盾”的寓言故事——

楚人有鬻楯与矛者，誉之曰：“吾楯之坚，物莫能陷也。”又誉其矛曰：“吾矛之利，于物无不陷也。”或曰：“以子之矛，陷子之楯，何如？”其人弗能应也。

韩非子与儒家的论战，谁对谁错，并非本文关注的重点。从经济学角度看，韩非子提出了一个至关重要的问题，即面临冲突之时如何权衡。

尽管现代经济学没有关注韩非子，却提出了与“自相矛盾”寓言相似的问题。熊彼特的巨著《经济分析史》中提及一则名为“布里丹之驴”的寓言，多年来为经济学界引述。让·布里丹

（Jean Buridan，1295—1356）是法国哲学家，长期任教于巴黎大学。他讲述了一头驴子的故事：有只驴子，处于同距离和同质量（Equidistant and Equidelicious）的两堆干草中，无法做出该吃哪堆草的决定，最后活活饿死。这头驴被后人称为“布里丹之驴”。

熊彼特指出，此驴之死是“绝对理性”（Perfectly Rational）所致，并因此引入“无差异曲线”（Indifference Curve）的分析（此曲线假定消费者行为完全合乎理性）。如同一位理性的消费者，这只固执的驴子有三种选择，第一种是吃左边的草，第二种是吃右边的草，第三种是选择饿死。第三种选择，显然是最不理性的，但驴子也许想得头昏脑涨，一点都不知道自己“不理性”。香港的林行止说，“布里丹之驴”在经济学上占有一席之地，还因为奥地利经济学派的罗斯巴德（M. Rothbard，1926—1995）曾著文为此驴平反，他认为这只驴子没有给予随机选择（Choose at Random）的机会，既不公平又荒谬。据说，这曾引起经济学上一场小小的辩论。

众所周知，但凡牵涉“选择”问题，经济学家一般将其交给“机会成本”。机会成本就是因选择行为而产生的成本，也称为选择成本。

关于机会成本，下面用一个故事来说明。比尔·盖茨于 1973 年进入哈佛大学法律系学习。他不喜欢法律，但对计算机十分感兴趣。19 岁时他面临两种选择：是继续学习直至毕业，还是辍学创办软件公司？继续学习会失去创业的最佳时机，而辍学办公司又拿不到多少人向往的哈佛大学文凭。盖茨义无反顾地放弃了学业，创办了自己的软件公司。他终于成功了，1999 年《福布斯》杂志评选，比尔·盖茨以净资产 850 亿美元荣登世界亿万富翁的榜首。1999 年 3 月 27 日，盖茨应邀回母校哈佛大学参加募捐会，当记者问他是否愿意继续学习以拿到哈佛大学的毕业证时，他向那位记者笑了笑，没有回答。看来比尔·盖茨是不愿意回到哈佛大学继续学习了，因为那样的话"机会成本"太大——或许会失去世界首富的地位。

不过，"机会成本"解决不了"布里丹之驴"的难题，因为，驴所选择的等于它所失去的，故无法取舍。后来，有经济学家批评说，"布里丹之驴"乃至后来的无差异曲线分析，没有把人当"人"看。因为，人类绝非仅仅依靠计算决策，而是按照经验、习俗等决策，经常是非理性的。政策制定者或者仅仅预测分析者容易犯错误，是因为没有考虑"实践中的人"，即人是容易犯错误的。

诚然，人不可能"绝对理性"，并非计算的动物，而是存在七情六欲，容易犯错误。鲁哀公曾经问孔子："你的学生中谁是最好学的?"孔子回答说："有个叫颜回的最好学，他从不把脾气发到别人的身上，也不重犯同样的错误。不幸年纪轻轻死了，现在没有像颜回那样好学的人了。"可见，多数人是很容易犯错误，甚至是重复犯错的。

现实世界中，人类面对的虽然不是"布里丹之驴"的两捆完全一样的干草，但却是变化很快，约束条件很多的决策环境，这种情况下，很难作出合适的选择，哪怕放弃了"布里丹之驴"的所谓"绝对理性"假设。

对于多数学者而言，由于经济学分析的是社会中的事物，涉及问题确实太广泛，加上现实中的因素（变量）变化太快，如崔健的歌中所唱的："不是我不明白，这世界变化太快。"所以，结果是我们常常看到的这种评语："经济学家对经济形势的预测，有时候正确。"言外之意，经济学家的预测很少有正确的时候！正是由于经济学分析任何事情都需要考虑大量的前提条件，于是，在讨论经济问题的时候，总是这样说："一方面……；另一方面……"（on one hand…on the other hand…），招致大量的攻击与不满。美国已故总统杜鲁门曾在一个公开场合愤怒地说，他需要"独臂经济学家"，因为他给"on one hand…on the other hand…"的经济学家"烦死了”！

除了约束条件过多而难以把握之外，不同选择或条件之间的比较与取舍也是极其困难的。不可否认，经济学所强调的“选择”，有一针见血的睿智，因为，无论家事、国事、天下事，总是会牵涉到有意识或无意识的取舍；对不同价值之间的冲突，经济学也有自己的解决办法。如微观经济学的基石之一——边际收益递减规律中的“收益”，在经济学上有两种：可计算的、不可计算的。前者为基数效用论，后者为序数效用论。比如说，在同一时间段，我们选择看电影还是看话剧？这里的决策无法用资金衡量，因为我们从中获得的“收益”是心理上的，只能用序数效用论的思想将二者排序，如我主观地认为看电影更好玩，则对我而言得自电影的效用必然高于话剧。但问题在于，在很多情况下，由于信息不对称或不完美，我们对很多问题真的束手无策，就如前面列举的电影与话剧的选择，现实中并没这么简单，除非我偏好电影，而且其他条件不变，如只有我一个人做选择等（你可以列举无数个约束条件）。如果是两个人做选择，且对方偏好话剧，那么，我们双方很难达成一致意见了。除非再加入其他条件，如我或对方作出妥协，或一方说服另一方等。看来，在苹果和面包之间，或许可以利用价格作为共同的尺度，每个人再作抉择。然而，在亲情（或爱情）和事业这两种价值之间，却没有共同的尺度可以作类似的转换。不同价值之间转换和取舍的机制，很可能是经济学面临的最后难题之一。

如果扩展到宏观层次上，问题就很复杂了。一个明显的常识是，某个人的行为不可以推广到某个集体的行为（阿罗的“不可能定理”）。因为经济活动只占人们生活的一部分。在其他的活动领域里，个人的喜怒哀乐，都通过生活中的各个方面表达出来。由一群个人加总成一个社区、城市，马上就会呈现出不同的风貌。不同国家中，加总的结果固然不同，而即使在同一个国家之内，不同的区域中，也往往有明显的差异。即使是经济活动之内的加总（更不必说经济活动之外的了），至少到目前为止，经济分析还没有深入地掌握。尽管从逻辑上你可以这么认为：各种经济社会问题就是由个体加总的结果。但是，除非能摸清楚复杂多变的加总过程，否则，要有效地解释各种问题，可能就遥遥无期了。

所以，中国的古人很聪明，面对难以确定的选择之时，采取“难得糊涂”的策略。古话说：“察见渊鱼者不祥”，南怀谨在《易经杂说》中对它的注解是：“不要太精明，尤其作为一个领导人，有时候对下面的一些小事情，要马虎一点，开只眼闭只眼，自己受气就算了，他骂我一顿就骂我一顿。一定要搞得很清楚，连深渊水底的鱼，河中混水里的鱼有多少条、在怎么动也看得清清楚楚，不要自以为很精明，实际上很不吉利，说不定会早死，因为精神用得过度了。”

选择“清醒”的成本很高。从不“清醒”到“清醒”的过程中要花费成本——花费巨额的交易费用了解真相，甚至都无法了解真相。在现实中，我们也难以选择并达到“真正的清醒”。比如，我们常说：“鸡蛋是圆的。”实际上，高尔夫球比鸡蛋更圆。心理学研究发现：人脑倾向于把近似于圆的事物想象成精确的圆，在无序的图形中辨别出有序的图案来。在模糊语言里，“遥远”是多远？“便宜”是什么价？“太热”是摄氏多少度？等等，当我们在获取精确结论的时候，相当一部分是通过模糊的信息得到的。西方人喜欢在精确问题上钻牛角尖，偏好亚里士多德的二元逻辑系统；但是中国的思想家老子不以为然，他说：“有无相生、难易相成、长短相较、高下相倾、音声相和、前后相随。”可见，在他看来凡事都是混杂的，而且是相对的。“尺有所短、寸有所长”，相对地看问题，这也深深地影响了东方人的思维习惯。

对于多因素的复杂状况，“模糊”往往显示出更大的“精确”。

这就是老子所说的："质真若渝，大白若辱。"从模糊的角度看，过分的精确往往导致过度的烦琐。在某些工程里，一百分的"精确律"往往被十分的"模糊律"代替。在美国，除了白人、黑人和"少数民族"的划分以外，不得不承认有混血。他们可以精确到1/2、1/4、1/8、1/24等的什么血统，在两极、多极之间存在着一个灰色地带。与其对他们精确地划分归极，还不如模糊处理。模糊逻辑存在的基本依据就是世界上的事物绝大部分都不是非此即彼，它们处在彼与此之间，你中有我、我中有你。因此，模糊逻辑又称为"灰色的智慧"，不是按图索骥可以企及的。

过分"精确"还可能导致过于刻板、缺乏灵活性。我们到机场去接一位不认识的朋友，需要知道的是对方的几个主要特征，而不需要对他的高低胖瘦精确到几尺几寸；有的人作演讲，按提纲讲要点，临场发挥，就可以做到疏而不漏；青年男女找对象，脑子里的条条框框太僵化，还不如有个"模糊集"知道变通。任何一项庞杂的工程，如大型的市场调查，过于精确就意味着投入大量的时间和精力，有的可能导致以牺牲效益为代价。如果给出一定的"模糊度"，就可以在精确与效率之间作出平衡。模糊思维要求兼收并蓄，在泥沙混杂的情况下因势利导。古人有"水至清则无鱼，人至察则无徒"的说法，这也可以作为管理者的一条法则。在某些情况下，"大事清楚，小事糊涂"比"事必躬亲"好。就国家而言，弹性结构比刚性结构要好。计划经济曾经精确计划到农民的生猪数量，工人的产品规格，结果整体效益低下。

人，过于清醒，就可能成了"布里丹之驴"，在"自相矛盾"之中饿死。记得很多年以前的一首比较流行的歌曲，词中有这么一句我很喜欢的话："留一半清醒，留一半醉……"

“堕甑不顾”与沉没成本

现实生活中，并非所有人都会如同孟敏这么思考。很多人明明知道不应该考虑“沉没成本”，却在错误的泥沼中越陷越深。

《后汉书·郭泰传》讲述了一个“堕甑不顾”的寓言故事，原文为：

孟敏字叔达，巨鹿杨氏人也，客居太原。荷甑堕地，不顾去。林宗见而问其意，对曰：“甑已破矣，视之何益？”

此寓言的大意是：

东汉时，巨鹿人孟敏客居太原。一次他到街上买了一只甑，兴冲冲地带回家。谁知一不小心，甑掉在地上摔破了。孟敏头也不回地继续往前走，毫无惋惜之意。有个叫郭泰的人目睹这一幕，问孟敏：“甑摔破，你怎么连看都不看一眼？”孟敏答道：“它已经破了，看看又有什么用场。”

从“堕甑不顾”这个故事，可以启发我们对经济学中的“成本”一词的深思。

约翰·克拉克曾经说，“如果学生能在经济学课程中真正理解成本的所有各个方面，那么，这门课程就算取得了真正的成功。”

不过，要理解经济学上的“成本”，也不是一件很容易的事。

人们日常理解的“成本”，多数说的是“会计成本”，与经济学上的“成本”是有区别的。

所谓会计成本指的是厂商在生产中按市场价格直接支付的一切费用。这些费用一般要反映到厂商的会计账目上去，是企业已支出的货币的记录，因此也叫做历史成本。

经济成本是在会计成本上加了机会成本，即经济成本等于会计成本与机会成本之和。因此，了解这两种成本差别的关键是机会成本。

所谓机会成本（Opportunity costs），从企业来说，指的是由于使用某一投入要素而必须放弃的这一要素其他用途的最高代价，从要素所有者来说，则是指这一要素在其他可能的机会中所能获得的最高报酬。机会成本可以用价值量来表示，也可以用实物量来表示。机会成本的前提条件：（1）资源本身有多种用途；（2）资源可以自由流动而不受任何限制；（3）资源得到了充分利用。简言之，机会成本就是为了得到某种东西所必须放弃的东西。例如，你手头有 20 万元，可用于存银行获利息 2 万元，或炒股获利 4 万元。你把这 20 万用于炒股获得 4 万元时就放弃了存银行的 2 万元利息。所以，没有反映在会计报表中。

机会成本不是通常意义上的成本，它不是一种支出或费用，而是选定某方案可能损失的收入或收益。萨缪尔森在其《经济学》中曾用热狗公司的事例来说明机会成本的概念。热狗公司所有者每周投入 60 小时，但不领取工资。到年末结算时公司获得了 22000 美元的可观利润。但是如果这些所有者能够找到其他收入更高的工作，使他们所获年收达 45000 美元。那么这些人所从事的热狗工作就会产生一种机会成本，它表明因他们从事了热狗工作而不得不失去的其他获利更大的机会。对于此事，经济学家这样理解：如果用他们的实际盈利 22000 美元减去他们失去的 45000 美元的机会收益，那他们实际上是亏损的，亏损额是 45000 - 22000 = 23000 美元。

从语文角度看，“机会”这个词在“机会成本”这个词组中实际上是多余的，因为我们说到使用一个东西的成本时，就是指这个东西价值最高的其他用途的价值。不过，在“机会成本”中，“机会”也不算是多么的累赘，因为它们提醒我们，使用一项资源的成本来自于这项资源可以用于他途的价值。

把“成本”与重新选择的“机会”挂钩，是懂得经济效率的关键。“效率”，日常生活中一般是指单位时间内完成的工作量。在经济学上，“效率”是指：在不会使其他人境况变坏的前提下，如果一项经济活动不再有可能增进任何人的经济福利，则该项经济活动就被认为是有效率的。

不过，现实生活中，很多情况下，我们很可能没有重新选择的机会。比如说，你不小心将一杯牛奶打翻了，杯中无奶可饮，你就没有选择的机会了，那么，你该怎么办？在经济学的教科书里，没有重新选择机会的投入或开支，被赋予了一个形象的名称：“沉没成本”（Sunken Cost，也译为“沉淀成本”）。

关于“沉没成本”，生活中很常见。比如说你花了 50 元去看一场电影，15 分钟之后，你觉得这是一部粗制滥造的影片。那么你是继续看下去，一直到 2 个小时之后影片结束呢，还是立即离开电影院？如果你心疼那 50 元电影票，而坚持把电影看完，那么除了已经支出的 50 元（即沉没成本，电影院当然不会因你认为影片质量太差而退钱给你）之外，你还付出了 2 个小时的宝贵时间成本。

大多数经济学家认为，如果你是理性的，那就不该在做决策时考虑“沉没成本”。比如在前面提到的看电影的例子中，会有两种可能的结果：(1) 付钱后发觉电影不好看，但忍受着看完；(2) 付钱后发觉电影不好看，退场去做别的事情。

两种情况下，你都已经付出了50元钱，所以不应该考虑这50元钱。如果你后悔买票了，那么你的决定应该是基于你是否想继续看这部电影，而不是你已经为这部电影付了多少钱。这个时候，你所作的决定，不应该受到已经支付的那50元钱牵制，而应该以看免费电影的心态来作判断。经济学家多半会建议你选择后者，这样你只是花了50元“冤枉钱”；如果你考虑已经付出的50元钱，便选择继续看电影，那意味着你除了花“冤枉钱”，还要受“冤枉罪”。

回过头来看“堕甑不顾”这个寓言故事。显然，孟敏深知沉没成本的要义。他知道“甑”已破碎，覆水难收，伤心难过没有任何意义。就如前述看电影的案例那样，既然花过了“冤枉钱”，就不要再受“冤枉罪”，否则，越赔越多。所以，明智的人们，就应当像孟敏那样，做选择的时候，注重对未来的预期，而不是沉溺于过去。

通常写文章，分析到这里，当戛然而止。不过，我觉得有些深层次的问题尚待讨论。现实生活中，并非所有人都会如同孟敏或者经济学家这么思考。很多人明明知道不应该考虑“沉没成本”，却在错误的泥沼中越陷越深。比如说很多人会强迫自己看一场根本不想看的电影，因为他们怕浪费了买票的钱。有时这被叫做“沉没成本谬误”。经济学家会称这些人的行为“不理智”，因为类似行为低效，基于毫不相关的信息作出决定，错误的分配了资源。

这些思考可能反映了对衡量效用尺度的不统一，因为这种衡量对消费者来说是主观且独特的。如果你真的预订了一张电影票并发现电影确实不对你胃口，你可能会等到散场再走，你觉得你保存了脸面，这也是一种满足。如果你中途退场，陌生人会发现你的判断失误，这可能是你想避免的。你可能从“给电影找茬”中得到些欢愉，并对自己的鉴赏结果感到自豪。或者你觉得有足够的资格在其他人面前批评电影。

不过，对于多数人多数时候而言，设法减少“沉没成本”，还是能避免更多损失的，不管这种损失是什么形态的。

那么，我们又面临一个新问题，“沉没成本”是如何产生的，如何减少它以便在今后的决策中减少失误？归纳起来，产生“沉没成本”的大致原因有：（1）策划或决策失误。（2）前期调研、评估、论证工作准备不足，造成中途出问题而无法进行下去。（3）有良好的策划、计划，但执行中偏离轨道，造成事与愿违。（4）执行中发现存在问题，但没有及时调整策略、方案，而是一意孤行。（5）危机处理能力不足或措施不当，使事态扩大及蔓延。

从上述情况看，沉没成本多为决策中的某些失误所致，是由于过去的决策所引起，已经付出且不可收回的成本。无论是前期工作不足，执行偏差，还是危机处理欠缺，都是决策失误的表现。所以，要减少沉没成本，就必须加强项目的前期论证、增强执行力、加强危机处理能力等方面的建设。这要求企业有一套科学的投资决策体系，要求决策者从技术、财务、市场前景和产业发展方向等方面对项目做出准确判断。当然，市场及技术发展瞬息万变，投资决策失误难免。在投资失误已经出现的情况下，如何避免将错就错对企业来说才是真正的考验。英特尔公司（Intel）2000 年 12 月决定取消整个 Timna 芯片生产线就是这样一个例子。Timna 是英特尔公司专为低端 PC 设计的整合型芯片。当初在上这个项目的时候，公司认为今后计算机减少成本将通过高度集成（整合型）的设计来实现。可后来，PC 市场发生了很大变化，PC 制造商通过其他系统成本降低方法，已经达到了目标。英特尔公司看清了这点后，果断决定让项目下马，从而避免更大的支出。

行文至此，读者或许以为“成本”都是不好，成本上升是一件坏事。从现实条件出发分析，我的答案是：不一定。成本上升并非代表某人面临的情况变坏，它只反映资源用作其他用途时的价值上升了。举例来说，若就读北京大学的机会成本上升了，这并不代表选择就读北京大学是一件坏事，相反这只反映出工资上升了。

“田夫献曝”：送礼经济学

> 瓦尔德弗格尔的研究实际上提出了最优送礼策略：你需要将无谓损失最小化，同时将情感价值最大化。这与“田夫献曝”所揭示的道理大致相若。

法国学者莫里斯·古德利尔（Maurice Godelier）在《礼物之谜》（上海人民出版社2007年版）中称：礼物交换是早期人类社会即已存在并延续至今的一种社会行为，从人类对神灵的顶礼膜拜、祭祀礼仪，到部落国家之间的和平共存，乃至世俗生活中人际关系的正常维系以及男女之间代表特殊含义的情意传递，礼物在不同时代不同社会传递出各种不同的内容与意义。

这话不假。且不论古代，在当今，礼物是维系人际关系的重要媒介，是人们用来传情达意、缔结契约，进行社会交换的重要途径。美国加州大学洛杉矶分校的演化生物学家杰伊·费伦（Jay Phelan）在他撰写的一本题为《欲望之源》的书中指出，人际关系中重要的一点便是“多送礼物给别人”。

那么，如何送礼呢？中国古代的一则寓言故事，或许对我们有所启发。

《列子·杨朱篇》称：

昔者宋国有田夫，常衣缊麻，仅以过冬。暨春东作，自曝于日，不知天下之有广厦隩室，绵纩狐貉。故谓其妻曰："负日之暄，人莫知者，以献吾君，将有重赏。"

大意是：

宋国有一个农夫，寻常穿着乱麻破絮，勉强过寒冬。到春天耕种时，在太阳下暴晒，不知道天下有高大舒适温暖的住房，也不知道有丝棉、狐皮之类的衣服，就对妻子说："太阳照在身上，感到特别舒服。别人都不知道，我去告诉国君，一定得到重赏。"

后来，人们从这个寓言故事中演绎出来几个成语：田父献曝、田夫献曝、负暄献曝、野人献曝等。

这些成语的意思基本相似，都是为所献菲薄、浅陋但出于至诚的谦词。如，清代的赵翼《真州萧娘制糕饼最有名》诗中说："馈节聊同献曝情，竞邀椽笔赐褒荣。"当代国学大师季羡林在《自传》中称："我想到这样平凡的真理，不敢自秘，便写了出来，其意不过如野叟献曝而已。"

当然，也有个别人对献曝的田夫大加讽刺，说：田夫过于天真，孤陋寡闻。理由是他不设身处地考虑问题，以穷人之心度富人之腹。田夫被见识所局限，常常以为自己觉得了不起的事情，别人也都会认为了不起，其实他自以为了不起的事，可能往往都是尽人皆知的微不足道的小事。

前述两种观点或许都有失偏颇。《列子·杨朱篇》讲述"田夫献曝"的故事，本意是用来说明"野人之所安，野人之所美，谓天下无过者"，即农夫们所安身的地方，农夫们所喜欢的东西，他们自认为天下没有超过的了。在杨朱看来，不论是穷还是富，各人的生理与心理要求相对其生活的条件与环境乃是恒定的，也即“性之恒”。如果穷人“一朝处以柔毛绨幕，荐以粱肉兰桔，心痛体烦，内热生病矣”。因此，只要人们恪守“性之恒”，便可得到自我精神满足。这就是列子在《黄帝篇》中所描写的：黄帝有一天白天睡觉，梦中神游“华胥氏之国”的情景，“其国无师长，自然而已。其民无嗜欲，自然而已。”

由此看来，“田夫献曝”，是以自己认为最好的东西献给他人。这种送礼之法，是否合适呢？

我想，从常识看，其结果无非是两种：一是对方对此亦非常喜欢，则送礼成功；二是对象不喜欢，则送礼失败。

“田夫献曝”属于哪种情况呢？从科学的层次上讲，田夫让国君晒晒太阳是非常好的礼物。国君天天在亭台楼阁之中，不晒太阳或者少晒太阳，生活固然安逸舒适，但不知不觉中会引发一些疾病。而适度晒太阳，能够帮助人体获得维生素 D，有防止骨质疏松、类风湿性关节炎等功效；能够预防皮肤病；能够增强人体的免疫功能、增加吞噬细胞活力；能够促进人体的血液循环、增强人体新陈代谢的能力、调节中枢神经，从而使人体感到舒展而舒适；可以刺激骨髓制造红血球，提高造血功能，从而防止贫血。

你或许会说，“田夫献曝”不具有广泛的适应性，田夫自己喜欢的东西，恰好国君缺乏，这只是巧合。如果甲田夫给乙田夫送礼，也采用“献曝”，则是多此一举了。不过，好在田夫“献曝”的对象并没有选择其他田夫或者乡里富户，而是国君。

稍微归纳一下，“田夫献曝”给我们的启示为，所送之礼，应当是自己所喜欢的，恰好也是别人所缺乏而尚未考虑到的东西。

也就是说，送给别人的礼物，首先要自己喜欢，如果连自己都讨厌的东西，怎么能够送人。古人云：己所不欲，勿施于人。己所欲，可施与人，但前提是，他人喜欢。用现代经济学的术语讲，礼品也具有情感价值。比如说，蓝毛线衫和红毛线衫都能创造情感价值，而你又喜欢红色，那么无疑送你红毛线衫就是更优选择。

当然，你很喜欢的东西，别人未必喜欢，别人也未必缺乏，那么，如果将这样的礼物送人，效果将非常不理想。所以，送礼必须将情感价值与被送礼人的需求充分结合起来。

下面用一个寻常生活中容易遇到的案例进行分析。假如一位姑娘结婚你送礼，你该送什么？比如送现金（红包）或送等值的礼物（如奶粉或婴儿尿片），哪种礼物会得到姑娘的喜爱？

这里有必要介绍规范的经济学分析成果。一些经济学家曾做过这方面的研究。美国宾夕法尼亚大学（the University of Pennsylvania）的经济学教授乔尔·瓦尔德弗格尔（Joel Waldfogel）在有关“圣诞节无谓损失”（Deadweight Loss of Christmas）的研究中论证说，收礼物的人通常不愿意为礼物支付购买者所花费的价钱。例如，一件30英镑的针织套衫在收礼人那里的估值是20英镑，从而产生了10英镑的“无谓损失”。据美国零售联合会（National Retail Federation）估计，人们2007年用于采购圣诞礼物的花销约为5000亿美元，按照10%的比例，那就意味着会有500亿美元的“无谓损失”。瓦尔德弗格尔的文章常常被误解，认为他主张送礼是没有意义的。这样想并不正确。他明白无误地将礼物的情感价值排除在考量之外，而且，情感价值当然是赠送礼物的部分意义所在。

瓦尔德弗格尔的研究实际上提出了最优送礼策略：你需要将无谓损失最小化，同时将情感价值最大化。这与“田夫献曝”所揭示的道理大致相同。

那么，我想，回到前面提到的那个问题上：给刚结婚的姑娘送礼，你需要考虑两种情况：第一种情况，假如你与姑娘之间没有特别的交情，不清楚她的偏好，且不考虑交易成本（如选购礼物的麻烦等)，建议你送红包。

经济学的研究发现，人们总希望自购产品的估价能超过100%。那么礼品呢？如果送礼者了解的信息较少，那么他能做的肯定没有收礼者自己选购礼品更好。于是，瓦尔德弗格尔告诫说：“如果你不清楚别人要什么就去购买礼品，那就等于买了别人不想要的东西。”

那么，既然你不清楚姑娘的喜好，而姑娘自己很清楚自己，你送2000元的礼物给她，很可能会比你送2000元现金给她差，因为她拿着2000元现金还可以自己选择买什么，包括可以买到你买给她的礼物，所以送现金其实是送了更多的选择给对方。换句话说：如果刚巧对方是想用2000元买那份礼物的话，那你送礼物跟送2000元的现金是一样的，但如果不是，那送2000元现金让她选择如何用还是比较好的。如果我们用2000元送礼物，但对方觉得礼物价值少于2000元，那便有所谓“无谓损失”了。

第二种情况，你们有一定的交情，你知道对方的偏好，依然不考虑交易成本，该如何选择礼物呢？

经济学家的研究发现，越了解收礼者的偏好，所送之礼就会被估值越高。所以，你可以送一些对方不会买（或不懂去买)，但很喜欢的东西，这样送礼物便有可能比送同等价格的现金好。

当然，礼品不在于多么贵重。或许，买小礼物，并努力获取情感共鸣，更容易获胜。“千里送鹅毛”的故事，相信大家都听说过。据明代徐谓的《路史》记载：唐朝贞观年间，西域回纥国为了表示对大唐的友好，便派使者缅伯高带了一批珍奇异宝去拜见唐王。在这批贡物中，最珍贵的要数一只罕见的珍禽——白天鹅。途中，不小心天鹅飞走了，缅伯高只捡到几根羽毛。到了长安，唐太宗接见了缅伯高，缅伯高献上鹅毛。唐太宗听了缅伯高的诉说，非但没有怪罪他，反而重重地赏赐了他。

英国《金融时报》的专栏作家、经济学家约翰·凯（John Kay）指出，经济学家以比别人都少的支出在礼物交换中“胜出”，而大多数人则以更多的支出“取胜”。我想，这是因为经济学家更多地掌握了送礼的“法门”。

“鲁侯养鸟”：给市场应有的“市场”

学过经济学的读者会发现，“鲁侯养鸟”其实与经济学中的“无形之手”异曲同工。“鲁侯养鸟”是说某些干预行为难以成功，顺其自然才是正道。

《庄子·外篇·至乐》讲述了一个“鲁侯养鸟”的寓言故事，原文为：

昔者海鸟止于鲁郊，鲁侯御西觞之于庙，奏九韶以为乐，具太牢以为膳。鸟乃眩视忧悲，不敢食一脔，不敢饮一杯，三日而死。此以己养养鸟也，非以鸟养养鸟也。

这段话译为白话文，大意是：

从前，有一只海鸟，停落在鲁国国都的城郊，鲁国国君特地把它迎接进城，在鲁国的宗庙里宴饮，为它演奏了舜帝时留传下来的九韶的乐章，又为它备办了牛羊猪号称太牢的三牲让它进餐。但是海鸟却双眼昏眩，心里非常忧愁和悲伤，不敢吃一块肉，也不敢喝一杯汤，只过了三天就死掉了。这是用供养国君自己的方法来养鸟，而不是用养鸟的方法来养鸟啊！

据说，这篇寓言本来是一篇历史故事，《国语·鲁语》中有记载："海鸟曰爰居，止于鲁东门之外，臧文仲使国人祭之。"鲁国的贤人展禽认为臧文仲是无故加典，非政之宜。庄子把养鸟的主人公改成鲁侯，增加了鲁侯用九韶的乐章和猪、牛、羊三牲盛宴养鸟的情节。

那么，这篇寓言的寓意是什么呢？要点在于庄子的评论："此以己养养鸟也，非以鸟养养鸟也。"

可见，这篇寓言的寓意，绝不在于揭露鲁侯的无知和荒谬。它通过鲁侯不是"以鸟养养鸟"而是"以己养养鸟"的失败教训启发人们要顺乎自然。孔子说过："己所不欲，勿施于人。"那么，可不可以反过来，说"己之所欲，施之于人"呢？显然，鲁侯的做法就是典型的将"己之所欲，施之于人"，确切地说应该是"己之所欲，施之于鸟"。所以，养鸟要顺乎自然，推而广之，治民也要顺乎自然，治理老百姓要掌握老百姓的迫切要求和特点、习惯。

行文至此，学过经济学的读者会发现，"鲁侯养鸟"其实与经济学中的"无形之手"异曲同工。

"无形之手"概念的得以普及，成为现代经济学家的日常用语，要归功于亚当·斯密。他在《国富论》中"无形之手"的论述，可能是经济学文献中引用频率最高的名段之一：

> 一般的，他确实既不打算促进公共利益，也不知道自己会在多大程度上促进这种利益。……他所考虑的只是自己的收益。但是，在这种场合，像在其他许多场合中一样，他受一只无形之手的引导去促进一个并非他本意要达到的目的。也并不因为事非出自本意，就对社会有害。他追求自己的利益，却往往使他能够比真心实意要促进时更有效地促进社会的利益。

后来，美国经济学家詹姆斯曾经用一个关于雪天的杂货店的商

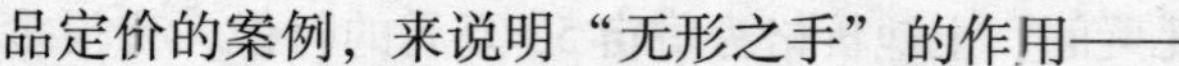

品定价的案例，来说明"无形之手"的作用——

> 1967年，一场大暴雪使得芝加哥市区的交通瘫痪，外面的生活必需品难以进入，当时还是大学学生的詹姆斯住所附近有两家杂货店，一家叫做Mom and Pop（夫妻店）的杂货店慈悲为怀，坚持在大雪天对商品不涨价，其店中的商品很快被抢购一空，因为如此低的价格难以使其以高价向外界继续采购新的商品，这家店很快就关门大吉。另外一家杂货店则将所有的商品价格暂时提高到原来的两倍，同时这家杂货店的老板出高价请当地的孩子乘雪橇从外地运进当地市民需要的各种商品。涨价的杂货店因为能支付较高的拉货成本，一直营业不停，而居民也根据新的价格合理调整需求，将采购的物品控制在能够承担而又确实必需的范围内。

这个案例与寓言"鲁侯养鸟"一样，说明某些干预行为难以成功，顺其自然才是正道。"夫妻店"逆市场规律行事，很快被迫关张。相反，另一家杂货店根据供求情况调整价格，并使用一部分赚来的利润打通货运，从而保证了营业的正常运转。

现实中，人们往往容易忘记这一基本规律。如中国一些学者认为，政府应该伸出市场调控的"有形之手"，对土地拍卖实行"最高限价"。他们认为，这是控制地价进而平抑房价的最有效的办法，因为目前中国的"房价收入比"太高，居民住房痛苦指数太高，住房问题被称为"新三座大山"之一（中国社科院发布的2006年中国经济和社会蓝皮书中，将"买房贵、上学贵、看病贵"称为"新民生三大问题"，后被媒体改称为"新三座大山"）。一些地方确实也开始实行限价政策，如某市产业用地采取政府限价，每亩不得超过30万元，地价平均下降六成（最高限价的土地不包括房地产开发用地)。毫无疑问，土地价格为每亩 50 万元的时候，有很多单位用不起地。当价格降低到每亩 30 万元的时候，增加了一部分能够支付这个费用的单位，但土地供应量无法有大的改变，所以，以前是 10 家单位抢购一块地，现在变成了 20 家或更多，那么，这块地出让给谁？政府必然要先确定一定的配置规则。用排队的方法肯定会凭空增加排队的成本，一些单位还可能采取种种措施寻租，以实现插队的目的。况且，一家单位在地价为每亩 50 万元的时候，能买得起 100 亩；当价格降低到每亩 30 万元，则能买 166.67 亩。这样，排在前面的单位增加购买量，后面的单位反而买不到土地了。如果限定每个单位只能购买 1 亩地，那么，除了增加排队成本外，土地利用效率将降低。对于很多单位而言，地便宜了，现在少支付的，利用效率却要打折扣。比如说，你花 10 万元买一辆汽车同花 5 万元买的，“心疼”程度是不一样的。更何况，一些单位可能利用政策空间炒地皮。只要人为限价，不论土地按什么样的规则分配，结果都会如同那家失败的杂货店，因为供不应求而在短期内卖光，后来的用地者即使需求迫切，购买力强劲，也只能望“地”兴叹。基于公平考虑的政策，损害了效率，最终又损害了公平，即起跑线的平等。

当然，我并非是说不需要政府的干预。就如“鲁侯养鸟”的寓言，也并非反对“养鸟”，而是反对违背鸟的习性去强迫鸟接受养鸟人的主观意愿。实际上，政府需要市场，市场也离不开政府。市场与政府分工不同，市场通过价格机制发挥作用，优化资源配置；政府负责游戏规则的制定和维护，一旦市场运行出现问题，政府就要干预，让市场回到理性正常的轨道。

这个道理说起来很简单，可是，人们对此的认识，却经历了几次反复，至今仍未理出头绪。

在“资本主义”初级阶段，亚当·斯密着力弘扬市场这只

“无形之手”的作用，抨击重商主义时代政府对经济生活的无端干预。在这种精神的影响下，大多数西方国家强调“自由企业制度”或“自由放任”。

其实，“无形之手”并不等于“自由放任”。我在《亚当·斯密剽窃司马迁?》一文中考证表明，亚当·斯密所主张的，是在一定的制度引导下，可以将自利行为转化为公益的行为，不能肆意干预市场，抑制市场机制的作用。正如公共选择学派所论证的：理想的政府应当介于无政府和“利维坦”之间，在最大限度地保留个人自由的情况下组织社会的秩序。

过分解读“无形之手”，搞“自由放任”，弊端很大。1929—1933 年爆发的那场世界性的经济大危机，可以说，在某种程度上集中体现了自由放任的弊端。“凯恩斯革命”，将市场和政府的距离拉近，让政府干预在经济中起重要作用。罗斯福新政的成功，使凯恩斯的学说如日中天。

可是，当政府与市场的距离太近的时候，弊端显露，就需要调整。所以，第二次世界大战之后，强化政府职能的趋势大约持续了半个多世纪，风水完全倒转过来。各国政府垄断经济体制的弊病暴露无遗，于是纷纷转而实行市场取向的改革。20 世纪 70 年代之后，英国在撒切尔首相的领导下首先掀起了私有文化和自由文化的浪潮。1981 年就任美国总统的里根也转而实行解除管制等自由主义的经济政策。一时间，推行经济自由主义和削弱政府的经济作用成为时尚。

不过，进入 20 世纪 90 年代以后，撒切尔与里根的经济政策又遭到抛弃，主张政府干预的凯恩斯主义“复兴”了。

或许，“己之所欲，施之于人”，是某些决策者的天性吧。不过，无论选择“政府多一点”还是“市场多一点”，都离不开“鲁侯养鸟”寓言提出的老问题：我们要养鸟，但是否要违背鸟的习性来养鸟？

“孔融让梨”：一个正和博弈

强调收益最大化的经济学家，是否主张“孔融让梨”呢？我个人认为，“孔融让梨”表露出来的“谦让”这种美德，利人利已，合乎经济学所说的帕累托效率。

“孔融让梨”是家喻户晓的故事，较早见于《后汉书》李贤之注。注曰：

> 融《家传》曰：兄弟七人，融第六。幼有自然之性，年四岁时，每与诸兄共食梨，融辄引小者。大人问其故，答曰：我小儿，法当取小者。由是宗族奇之。

孔融让梨的故事之所以家喻户晓，是因为《三字经》的传扬，其中说到“融四岁，能让梨；弟于长，宜先知。”明清以来，《三字经》为童蒙必读之书，孔融让梨也由此深入人心。

而今，“孔融让梨”遭遇了不同解读。有人说孔融沽名钓誉；有人说孔融精于吃梨，大梨是鸭梨，小梨是库尔勒梨；还有人说孔融就不喜欢吃梨……还有很多很多的戏说。

翻阅一些材料，我发现人们多将“孔融让梨”编入“寓言”之类的书籍，可见，“孔融让梨”是否真有其事，尚有存疑。不过，这样的故事，还是值得用来教育人们的。

梁实秋先生曾经专门写过一段文字来讲孔融让梨。梁先生讲，“有人猜想，孔融那几天也许肚皮不好，怕吃生冷，乐得谦让一番。我不敢这样妄加揣测。不过我们要承认，利之所在，可以使人忘形，谦让不是一件容易的事。孔融让梨的故事，发扬光大起来，确有教育价值。”

梁实秋先生所说的“孔融让梨”的教育意义，我想，这也就是启蒙读物《三字经》收录它并将它放在教育次第第二位的原因。这也正是这个故事得以流传至今而不绝的原因。

那么，强调收益最大化的经济学家，是否主张“孔融让梨”呢？我个人认为，“孔融让梨”表露出来的“谦让”这种美德，利人利己，合乎经济学所说的帕累托效率。

这可以通过一个简单的博弈模型阐明：

假设孔融与他哥哥两个人，面对一大一小两只梨，谁拿大梨？如果孔融与哥哥都要拿大梨（都不谦让），则他们将产生冲突；如果孔融拿小梨（谦让），将大梨留给哥哥，则合乎效率，两个人各得其所；如果孔融拿大梨（不谦让），哥哥拿小梨（谦让），不合乎总体效率最优；如果两个人都选择拿小梨（都谦让），造成大梨的浪费，不合乎效率。这一交互作用，可以模型化为一个博弈：每个博弈方都有两个选择：谦让、不谦让，或者说选择大梨、小梨，并且每个人都必须在预期对方将做什么的基础上做出决策。每一对行动产生一个结果，每一对结果对每个博弈方都产生一个得益支付。支付矩阵见图 4。

从图中可以看出，在这个博弈中，如果一方先谦让（弟弟孔融选择小梨）而另一方不谦让（哥哥拿大梨）是一个社会在长期交往中形成的并且在人们的一次次交往中得到加强的惯例或者习俗，如果人们都去遵守的话，就会实现纳什均衡，使双方的福利之和达

		哥哥 大梨	哥哥 小梨
孔融	大梨	0，0	2，1
孔融	小梨	2，2	0，0

图4　孔融让梨博弈

到最大或者极大。

也就是说，作为一种非正式的约束，“孔融让梨”或者说“谦让”的存在节约了人们之间交往的成本。“孔融让梨”或者说“谦让”的存在，给了市场活动的参与者一个确定的信息：应该怎样做并有信心地预期到他本人如此行动也会从别人那里获得同样的合作。这样就避免了如上例中采取（大梨，大梨）及（小梨，小梨）策略所带来的冲突。

既然是一项积极的美德，那么，现在的孩子还会“孔融让梨”吗？从媒体报道情况看，不容乐观。有的报道说，“现在有些年轻妈妈总怕孩子在跟伙伴交往过程中太善良会吃亏，认为‘孔融让梨’纯属‘傻帽儿’，跟不上时代的竞争需要。”有的报道说，在公交车上经常看到家长示意孩子抢座位，送孩子上学时也曾听过家长交代小孩：“老师发点心时你要挑大点的!”

这些报道透露出来的信息表明：不少孩子父母的言传身教，让孩子习惯于“当仁不让”。这种短视行为，如果不尽快纠正，将带来非常严重的弊病。海外学者曾经论述说，美德与法一样，就其自身来说，不过是对人的某些欲望和自由的压抑、侵犯，因而是一种害和恶；就其结果来说，却能够防止更大的害或恶和求得更大的利或善，是净余额为善的恶，因而是必要的恶。

正因为这样，从短期看，坚持谦让，或许不能让某个个人获得最大利益，譬如孔融选择小梨或许没有选择大梨获得的效用大，所以，现在的一些孩子家长不愿意让孩子吃这种"小亏"，相反希望占"小便宜"。

但是，这种行为的结果是，大家都去争夺"大梨"，可是，"大梨"只有一个，其结果或许是谁也吃不到"梨"。

按照现代经济学的观点，人与人之间的行为无不是博弈。根据是否可以达成具有约束力协议，博弈分为合作博弈和非合作博弈。

非合作博弈是指一种参与者不可能达成具有约束力协议的博弈类型，这是一种具有互不相容味道的情形。非合作博弈研究人们在利益相互影响的局势中如何选择决策使自己的收益最大，即策略选择问题。这其实就是当今某些孩子家长所灌输的那种"争利"思想。但是，这种博弈的结果只有两种："负和"或者"零和"。"零和"的意思是，损人利己。也就是说，一方的所得正是另一方的所失，整个社会的利益并不会因此而增加一分；或者说，自己的幸福是建立在他人的痛苦之上的，二者的大小完全相等。例如，哥哥与弟弟争夺一只大梨，弟弟胜出，则弟弟享受美味，哥哥却失去了美味。至于"负和"，是说"损人不利己"。例如，哥哥与弟弟为了争夺一只大梨，厮打起来，二人头破血流，无论最终谁拿到了梨或者一不小心将梨弄坏了，对二人来讲，都是不合算的。

合作博弈则相反，一般被称为正和博弈，是指博弈双方的利益都有所增加，或者至少是一方的利益增加，而另一方的利益不受损害，因而整个社会的利益有所增加，即实现帕累托最优或帕累托效率。就如"孔融让梨"那样，弟弟谦让，拿了小梨，自己的利益并未受损；哥哥拿到了大梨，利益也没有受损，可是，二人因为"谦让"美德，关系更加亲密、和谐，身心便更加愉悦。这种状况，不是大家所期望的吗？

“楚王好细腰”：机制设计经济学

“楚王好细腰”讲述的，是某个人因为“细腰”而受宠，其他人为了争宠，竞相瘦身。所以，首先细腰者是否被树立为榜样是不重要的，重要的是他因为腰细而受到楚王的恩宠，于是其他人才去模仿瘦身。可见，楚王实际上设计了一种新的“激励机制”——腰细的人会受到恩宠，腰粗的人得不到好处！

《战国策》之《威王问于莫敖子华》记录了楚威王和大臣莫敖子华的一段对话。威王听了莫敖子华对过去五位楚国名臣光辉事迹的介绍，羡慕不已，慨叹道，“当今人材断层，哪里能找得到这样的杰出人物呢”。于是莫敖子华讲了一个“楚王好细腰”的寓言故事：

昔者，楚灵王好士细要。故灵王之臣，皆以一饭为节，胁息然后带，扶墙然后起。比期年，朝有黧黑之色。

这段话译为白话文，大意是：

从前，楚灵王喜欢细腰的臣子。因此，灵王的臣子们，每天只吃一顿饭来节制自己的体形，在长吸一口气后赶紧扎住腰带，扶着墙才能站起来。过了一年，朝廷里的人都是又黑又瘦。

莫敖子华接着发挥道，臣子们总是希望得到君王的青睐的，如果大王真心诚意喜欢贤人，引导大家都争当贤人，楚国不难再出现像五位前贤一样的能臣。

可见，这个寓言的寓意非常简明，“楚王好细腰”说的是“上有所好，下必甚焉”的规律，如果顺应这个规律，楚国不难得到能臣。

“楚王好细腰”并非个案，至今仍然广泛存在。据《新民晚报》（2008 年 4 月 25 日）报道：“最富争议市委书记”仇和到昆明当市委书记后，到属下的富民县调研，当地安排的午饭上了 17 道菜加一道面点，菜太多吃不了。仇和在饭桌上随口说，如果每盘菜前放一双公筷，这样将剩菜打包带回去很卫生，如果不打包也可以留给餐厅服务员享用。岂知说者无心听者有意，仇和走后，富民县迅速发出 2008 年第 1 号文件“培育文明就餐新风尚”，县委书记还担任了此项工作领导小组组长。这可谓是现代版的“楚王好细腰”。

有的经济学家注意到了这个寓言，如梁小民在《楚王好细腰的示范效应》一文中将此寓言归结为示范效应。他说，消费时尚来自示范效应，这就是我们爱说的“榜样的力量是无穷的”。那么谁能当榜样呢？我们设想，如果楚国宫中某个官员喜欢苗条腰细，能有这种减肥的时尚吗？恐怕不仅不行，这个官员还会受别人嘲笑。只有楚王的偏好能作为榜样，这不是因为他的审美情趣高，而是因为他国王的地位。所以，示范效应就是上层人作榜样，其他人模仿而形成一种时尚。

我认为，梁小民的解读，尚有不少瑕疵。其一，对古文原文理解有误。梁小民说，楚王好细腰的寓言讲的是楚灵王喜欢苗条腰细的宫女。众宫女为了得到楚灵王的宠爱而纷纷节食，追求“骨美”，结果个个饿得面黄肌瘦，弱不禁风。

其实，“楚灵王好士之细腰”，其中的“士”并非“女子”，其本意是——古代男子的美称。在春秋战国时期，“士”是介于卿大夫和庶民之间的一个男性群体的专用称呼，女人没有资格称“士”。北京大学中国中古史研究中心的阎步克教授考据了“士”字的字形、词义源流，指出：“士——男人之大号也。”史学家顾颉刚则更加详细地说明了士的定义：“吾国古代之士，皆武士也。士为低级之贵族，居于国中（即都城中），有统驭平民之权利，亦有执干戈以卫社稷之义务”。因此，楚王所好的肯定是“男士”的细腰。

其二，“楚王好细腰”，讲述的仅仅是“示范效应”吗？所谓示范效应，按照梁小民的解释，就是某个人（或群体）的行为被作为榜样，其他人向他学习而产生的影响。

问题是，树立一个榜样，就必然被模仿吗？从常识出发，我们知道，若一个人认为此榜样值得自己模仿，他就会选择模仿，否则，不模仿。

再翻看一下原文，“楚王好细腰”讲述的是，某个人因为“细腰”而受宠，其他人为了争宠，竞相瘦身。所以，首先细腰者是否被树立为榜样是不重要的，重要的是他因为腰细而受到楚王的恩宠，于是其他人才去模仿瘦身。可见，楚王实际上设计了一种新的“激励机制”——腰细的人会受到恩宠，腰粗的人得不到好处！

您别小看了激励机制设计问题，研究好了可以得诺贝尔奖。2007 年诺贝尔经济学奖授予莱昂尼德·赫维奇（Leonid Hurwicz）、埃里克·马斯金（Eric S. Maskin）和罗杰·迈尔森（Roger B. Myerson）3 位美国经济学家，就是为了表彰他们在创立和发展“机制设计理论”方面所作的贡献。

在机制设计理论中，激励机制（Incentive Mechanism）指的是一方（委托人）与另一方（代理人）在信息不对称的情况下，为了让另一方（代理人）按照自己设计的目标行动而设计一个契约。

帮助大家理解机制设计理论，这里引用埃里克·马斯金讲述的一个案例（《专访诺贝尔经济奖得主埃里克·马斯金》，载《中国改革》2009年1月）。假设一个母亲手上有一块蛋糕，要分给自己的两个孩子——男孩鲍勃和女孩爱丽丝。但问题在于，即使母亲竭尽全力去平均分配这块蛋糕，两个孩子还是有可能发生争执——他们可能会感觉自己分到的那块蛋糕比另一个孩子小。

这个时候，母亲就可以设计一个机制来巧妙地解决这个难题。比如说，让鲍勃获得切分蛋糕的权利，而让爱丽丝获得优先选择其中一块蛋糕的权利，问题就会迎刃而解了。原因很简单，鲍勃既然负责切分蛋糕，但是又没有优先选择权，他肯定不会把蛋糕切得一块大一块小，因为爱丽丝肯定会利用优先选择权把大的那块拿走——所以鲍勃肯定会竭尽全力把蛋糕切的两块一样大。然后当爱丽丝来选择时，她肯定会去选择自己认为大的那块，所以她也不会有什么怨言。最后的结果就是，两人都比较满意。

这个例子说明了机制设计中的一些非常关键的特征，就是机制设计者本人事先并不知道什么样的结果是最优的，虽然有明确的目标，但是不知道最优的结果到底是什么。所以说他必须通过一种机制的设计来间接地实现这个目标，来处理这个问题。概括来说就是首先明确你想达成的目标，然后研究该使用何种机构、机制或程序来达成这一目标。

那么，回头看寓言"楚王好细腰"，其实就是一种机制设计。楚王喜欢细腰的人，于是对细腰者施加恩宠。对某个人奖励，在某种意义上是对其他人的惩罚，于是，其他人为了争得宠爱，或者让其他人失宠，便设法瘦身，让自己的腰比那个正在受宠的人还要细。由于竞争因素的存在，最终朝廷里的人都是又黑又瘦。

当然，所设计的机制是否有效率，或者说，如何保障你所设计的机制能尽可能地实现预期目标，需要具备激励机制和约束机制。按照委托—代理理论，一个参与人（委托人）想使另一个参与人（代理人）按照他的利益选择行动，就需要确定一个激励合同。委托人根据这些观测到的变量来决定合同形式，以激励代理人选择对委托人最有利的行动。比如寓言“楚王好细腰”中，瘦身者获得奖励；或者埃里克·马斯金的案例中，切蛋糕就会有蛋糕吃。

另一方面，委托人对代理人还有一个约束机制，规定事权的划分，制定科学的内控机制和合理的业务流程，保证代理人在授权的范围内，按照既定的程序来工作；保证代理人违章越权的行为能够被及时发现和有效制止；及时对代理人违规行为予以惩罚。如，让鲍勃获得切分蛋糕的权利，而让爱丽丝获得优先选择其中一块蛋糕的权利，这就是一种约束机制，能够避免鲍勃将大块的蛋糕据为己有。

还有一个问题是，“激励机制”不等于“奖励机制”。有时候，奖励容易产生短期行为和其他诸多负面效应。譬如，阿尔法·科恩在《奖励带来的惩罚》（上海三联书店 2006 年版）中表示，现在人们习惯于把奖励当成一种控制孩子行为的工具，以塑造孩子的良好行为。可是，那些因服从各种行为准则而得到嘉奖的学生，会在这样的奖励机制下慢慢忽视其个人的创造性和创新活动。而且，奖励机制会使人享受不到各种学习活动的乐趣，其内在的学习动机会变成一种外在的功利性学习动机。此外，嘉奖还会在学生之间造成矛盾。

所以，理想的“激励机制”，应当是那些能够调动人们内在的动力去完成某些工作任务的安排的机制，也就是说，创造公平而和谐的外部环境，并把需要、内驱力、目标 3 个互相影响、相互依存的要素衔接起来，使有机体为了满足自身需要，在内驱力的驱动

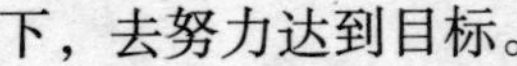

下，去努力达到目标。

我们不妨看看孔子是如何激励学生的。据《论语·季氏》记载，孔子的弟子陈亢怀疑孔子为儿子开小灶，就问孔子的儿子孔鲤有没有从孔子那里得到与众不同的传授，孔鲤回答说：“没有呀。有一次他独自站在堂上，我快步从庭里走过，他说：‘学《诗》了吗？’我回答说：‘没有。’他说：‘不学《诗》，就不懂得怎么说话。’我回去就学《诗》。又有一天，他又独自站在堂上，我快步从庭里走过，他说：‘学礼了吗？’我回答说：‘没有。’他说：‘不学礼就不懂得怎样立身。’我回去就学礼。我就听到过这两件事。”陈亢回去高兴地说：“我提一个问题，得到三方面的收获：听了关于《诗》的道理，听了关于礼的道理，又听了君子不偏爱自己儿子的道理。”

陈亢的收获是什么？他体会到了什么是“公平”，这种公平使他更加敬仰孔子的德行，相信以后他会更加努力地学习老师的教诲。这正是孔子的“有教无类”的公平机制设计所带来的激励作用。

当然“楚王好细腰”本身，并非一个良好的机制设计。它恐怕是只有奖励，而缺乏约束和其他激励，结果走向了反面。楚王当初或许是觉得殿下臣子一个个肥头大耳，腰似水桶，有辱斯文，有辱清廉。“官清书吏瘦，神灵庙祝肥”嘛。于是，他想，既然“上有所好，下必甚焉”是一个颠扑不破的真理，不如“以细腰为好”。可是，他没有考虑到，细腰者固然多了，官员的体质却受到了损害。如果他建立一个任何个人和组织的权力都要受到有效制约的制度，绝不允许产生一种凌驾于一切制度之上的权力，那么，宫廷之中必将呈现另一种气象。

幸亏“楚王好细腰”只是莫敖子华讲述的一个寓言故事。当然，如果君王像莫敖子华所说的那样，真心诚意喜欢贤人，引导大家争当贤人，宫廷中充满的就是能臣而非“细腰”者。

“东施效颦”：模仿经济学

“东施效颦”主要是说，模仿需要具备一定前提条件，并没有彻底否定模仿。我们不能忽视庄子在讲完这个寓言故事之后所作的评论：“彼知颦美而不知颦之所以美”。

“东施效颦”已经成为妇孺皆知的成语。它来自《庄子·天运》。原文为：

故西施病心而颦其里，其里之丑人见而美之，归亦捧心而颦其里。其里之富人见之，坚闭门而不出；贫人见之，挈妻子而去之走。彼知颦美而不知颦之所以美。

这段话译为白话文，大意是：

从前，西施犯心痛病，皱着眉头在乡间行走。一位丑女见了西施的神态，觉得很美，便也皱着眉头在乡间行走。富人见了丑女，闭门不出；穷人见了丑女，拉起妻儿跑开。丑女只看到西施皱眉头之美，却不知道西施皱眉为何会表现出美。

这则寓言，历来用以比喻不根据具体条件，盲目模仿别人，结果适得其反。不过，现在"东施效颦"演变成一个彻底的负面词语，泛指模仿者的愚蠢可笑。

其实，从中性的角度看，"东施效颦"主要是说，模仿需要具备一定的前提条件，并没有彻底否定模仿。我们不能忽视庄子在讲完这个寓言故事之后所作的评论："彼知颦美而不知颦之所以美"。齐白石所说的"学我者生，似我者死"，亦可作为庄子观点的注脚。

从现实生活中可见，模仿是一种重要的行为。从经济学角度看，模仿是非常重要的一种学习方式，我在博士论文《认知盲区的消除与企业的性质及制度变迁》中，将模仿作为学习或者消除认知盲区的三大方式之一。

模仿（Imitation），可称为社会学习（Social Learning）、替代学习（Vicarious Learning）或者观察学习（Observational Learning），即个体通过对其他人与客体的相互作用（即活动）过程的观察而实现的知识经验增长。个体不仅可以从自己的活动中获得知识经验，而且可以通过对他人活动过程及其结果的观察和分析，来丰富或改造自己的经验。比如，学习者看到同伴按照某种方式连接电路，结果灯泡却没有亮，那他就可以分析、推测这种电路的错误在哪里，这会影响到他对电路的理解。又如，女儿常见母亲涂口红，就趁其不在的时候自己也涂起了口红；男孩学成人抽烟，姿势与动作可以乱真；有时教师为了处理一个蛮不讲理的学生而家访，竟然发现该学生有位同样蛮横的父亲。

当然，这里所说的观察学习不仅是对具体行为的简单模仿，还可以是从他人的行为中获得一定的行为规则和原理（即抽象性观察学习），或者把各种示范行为的不同特征组合成新的行为（即创造性观察学习）。但本文所说的"观察性学习"又与班杜拉的"观察学习"内涵有所不同，本文的观察性学习仅指对活的榜样行为的观察，而不包括对符号性榜样的观察。另外，班杜拉用信息的接收、保持以及复制与再现来解释观察学习的过程，而实际上，观察并不是信息的单向接收，观察者是以自己的经验为基础去理解被观察者的活动的，包括理解活动的背景、活动的目标（用意）、对客体的操纵以及这种操纵的结果等，不同的观察者会从这一过程中获得不同的信息，形成不同的理解。三个人同样看一个高明的小偷的偷窃过程，其中一个人学到的可能是偷窃技术，而另一个人却主要在思考如何防盗，而第三个人（一个心理学家）可能是在从小偷的表现中分析偷盗者的心理。可见，观察的过程也是一个建构的过程，是主、客体相互作用的过程，是所观察到的信息与原有经验的相互作用过程。

关于模仿，可以用下图来描述。

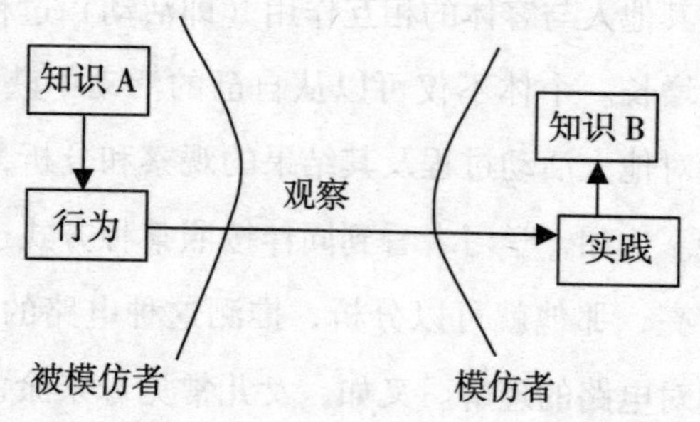

图 5　知识获取的“模仿”模式

上图表示个体通过模仿他人的行动或者经验而获取经验，并转化为知识的过程。举例来说，一个小孩子看到别人碰开水被烫，且那个人表现出很痛苦的样子（经验），于是他得知：烧开水时不要去碰（知识）。

G. H. 米德（George Herbert Mead，1863—1931）认为，社会角色和行为的掌握是由于模仿他人的角色言行而获得的，因而模仿在人们的个体社会化中起着重要作用。哈耶克（Friedrich August

Hayek，1899—1992）说：“通过模仿进行学习的能力是人类在漫长的本能发展过程中获得的一种恩惠（benefits）。的确，除了天生的反应能力之外，主要通过模仿性学习来获得技能或许是人类个体从遗传方面而来的最重要的能力。”

早在古希腊时代，亚里士多德认为模仿是人类的自然倾向，是人的本能之一。达尔文认为人和大多数动物都具有这种本能。这种对模仿行为的“本能论”解释，在社会心理学领域产生了巨大影响。现在，社会学习理论家争论说，人类更大量行为的获得不是通过条件作用的途径而是通过示范、观察、模仿的途径进行的。没有哪位成年人去为一位少年设计一套学骑自行车的强化训练程序，绝大多数孩子都是先观察别人如何骑车，由别人告知一些要领，然后自己进行模仿练习而学会骑车的。按社会学习理论的说法，构成人的模仿对象的范围极其多样，不仅有别人的行为，而且像书籍、电影、电视、图画、情境……总之，一切信息载体都可能成为被观察、被模仿行为的来源。这就难怪他们要宣称模仿学习是人类学习的主要途径了。

我们面临的另一个问题是：选择模仿，必然对自己有利吗？答案：不一定。“东施效颦”就是一例失败的模仿。现代经济学的研究发现，模仿具有正负两方面的效应。

据分析，模仿将产生以下积极效应：（1）模仿会产生正向经济扩散效应。在经济领域中，当先动者（示范人）采取一种正向经济行为后，例如，发明一项先进的生产技术或一种有效的组织形式，如果后动者（准模仿人）仿效先动者采取相同的行为，根据模仿几何级数律，这种模仿行为会产生累积效应，使示范人的正向行为得以迅速传播、扩散。此处所谓的正向经济行为，是指能够带来正的经济收益的行为，它符合整个经济发展的趋向。

以发明为例。当一种产品（此处我们可以称为优质示范品）被发明以后，其获得的经济收益为正，若不存在模仿，这种由优质示范品产生的正经济收益完全内部化、单一化，不利于整个社会经济发展。在存在模仿的情况下，由于模仿几何级数律的作用，模仿个体的几何级数增长必定使优质示范品所带来的收益以几何级数增长，进而推动整个社会经济向前发展。电话的发明无疑大大提高了交易效率，因而电话是一种优质品。如果不存在模仿，电话所带来的收益无法扩散、累积，所产生的影响也很小，正是由于经济行为主体以几何级数模仿，才使电话使用普遍化，由此带来整个社会经济的进步。

（2）模仿会产生二次创新效应。在经济领域中，当先动者（示范人）提供一种优质示范品后，后动者（准模仿人）可能由于外部条件或内部条件的制约，无法进行完全模仿，只能进行部分模仿，且根据自身具体环境对优质示范品或其技术进行改造，使其更符合模仿人的条件，也可能不是由于外部条件或内部条件的制约，而是在模仿的基础上，发现优质示范品或其生产技术的不足，对其进行改造。这两种过程均可称为二次创新过程。日本在二次创新方面，具有骄人的成绩与经验。例如，日本在二战后，为了发展钢铁工业，他们得到一个信息，就是奥地利有人在搞成氧顶吹转炉炼钢，那时炼钢都是用平炉，平炉炼钢周期很长，日本等到奥地利技术产业化后，购买了他们的专利，然后再进行改进，把尾气回收再利用，成为本土化技术，降低了成本，一举成功。据悉，从1950—1973年，日本共从美国、西欧等国引进先进技术21926项，支出引进费用43.56亿美元，把欧美30年代以来所采用的重大先进技术项目引进完毕，迅速赶上欧美的技术水平，部分领域甚至超过欧美水平，极大地促进了日本经济的发展。据日本学者估算，这一时期，技术引进对日本经济增长的贡献率约为10%—20%，对工业增长的贡献在30%左右。

当然，模仿也有其不足之处。一是要有被模仿的对象乃至行为。譬如经济转型过程中，并没有成功的经验可供借鉴，在一定程度上，只能采用"干中学"的方式。

二是对于那些不可言说的知识，模仿难以成功。例如，我们看见别人打太极拳，可以模仿其动作，甚至学得惟妙惟肖，但是，如何呼吸、运气等技巧，则无法模仿。

三是模仿的二次创新效应有时候是负的效应。经济学者任寿根（2005）认为中国引进分税制，就是成功的"二次创新"案例。他说："许多发达国家都推行分税制……"中国引进这项制度时，并没有照搬，例如中国将个人所得税划归地方。我认为，任寿根教授的观点存在问题。西方推行分税制的国家是"个别"，而非"许多"；中国实施分税制之后的效果，一直存在争议。从当前的情况看，越来越多的学者质疑这项制度。

四是被模仿者本身是负面因素，故模仿会产生逆向经济扩散效应。模仿的逆向经济扩散效应是指在经济领域中，当先动者（示范人）采取一种逆向经济行为后，例如，盲目扩大投资，如果后动者（准模仿人）仿效先动者采取相同的行为，则由G. 塔尔德（Gabriel Tarde）的模仿几何级数律，这种模仿行为会产生逆向扩散累积效应，加大逆向行为的规模，加深逆向行为所带来的危害。假定一个经济体系内，房地产投资已大量过剩，房地产消费严重不足，如果某个示范人（强势群体）继续增加或扩大房地产投资（逆向行为），其他投资者（弱势群体）进行模仿，也增加或扩大对房地产的投资，模仿产生的累积效应会使房地产投资严重过剩，进而造成极为不利的经济后果。

五是模仿者不具备模仿的素质或者禀赋。如"东施效颦"中，西施不是因为皱眉头才显得美，是因为她本来就是绝色美人，换言之，她皱眉头更具另一种美的前提条件是她天生丽质。可是，东施并不具备西施那样天生丽质的前提条件，皱眉头只能获得相反效果。所以，不考虑自身条件，盲目“效颦”，难免落下笑柄。

现实中，不顾自身条件，盲目模仿的现象不少，特别是一些政府决策者，其危害很大。由于从事的工作要求，我到各地调研，常常发现这样的案例：一些内地的地方政府部门官员，带队到东南沿海发达地区考察，看到这些地区园区建设比较成功，就简单地以为其所在地也能建设成功，但是，真正模仿成功的数量不多，多数开发区招不到商，也引不来资，区内土地大量闲置。有关部门对1999年以来76个新建园区的统计表明，已开发面积仅占规划总面积的13.51%。统计还表明，园区平均每公顷投入资金仅为34万元，产值不到13万元，而中国城镇及独立工矿用地平均产值已达到每公顷100亿元。

可见，模仿开发区，成效并不明显。为什么？原因在于前面所说的模仿者并不具备被模仿者的要素禀赋。在改革开放初期，设立开发区，目的是试验市场经济，区内政策比区外优惠，而且，区内还可以突破法规框架，进行制度上的创新。早期的开发区取得较大成功后，这种模式得到推广。这时，开发区成了优惠三资企业的园地。各地声称为了发展地区经济，互相竞争招商引资，开发区数量越来越多。从表面上看，一个地区的开发区，无非都是划出一片地方，搞一些基础设施，出台一些优惠政策，就可以招来商、引来资。但是，很多开发区根本就没有成功，宽阔的街道，无人行走；漂亮的高楼，空空如也。实际上，很多开发区只是空壳，与那些成功的开发区相比，形似而神不似。外商或者内商的投资决策，围绕是否有钱可赚这个中心而动。而投资商一个地方是否能赚到钱，一方面是看市场情况，包括市场发育程度、市场容量等。市场经济的规则是，物以类聚。鹤立鸡群，一般难以立足。所以，某地同类商品，如果质量和价格差不多，则这些产品生产可以持续发展。相反，质量比其他差距比较大，则难以立足，这就是诺贝尔经济学奖得主阿克罗夫（George A. Akerlof）提出的“柠檬市场”。在一些落后地区，当地产业发展同域外差距较大，如果招引同类产业的外商，在当地生产品质量与同本地的差距较大，则难以发展。再有，当地消费水平也是外商考虑的重要对象。另一方面，当地政府办事能力、工作的透明度等投资软环境，是外商考察的重要因素。一些地方搞优惠，表面看是让利给外商，实际上使用的却是“开门招商、关门打狗”，这种短视，往往很难让身经百战的外商上当（尽管有一些外商着了道，但比例还是相对少）。第三是看基础设施等硬环境，很多开发区内基础设施建设比较好，但是，外部环境却不够，比如运输问题。外商投资，不可能单纯考虑当地市场，还得考虑商品的其他地域的销售，必然考虑运费等开支。如果距离销售市场较远，则不合适生产。所以，划地挂牌的开发区，不一定是真正的开发区，也难以将其他地区的经验和成功复制过来。良好的出发点换来的却是资源浪费。

所以，“东施效颦”，是需要一分为二地看待，不能单纯地认为其必然会产生积极效应，也不能单纯认为其必然是负面的。

当然，从另一个角度看，“东施效颦”提醒我们要重视对模仿行为的研究。现在，社会学习理论家争论说，人类更大量行为的获得不是通过条件作用的途径而是通过示范、观察、模仿的途径进行的。而法国社会学家G. 塔尔德在他的重要著作《模仿律》中，认为模仿是社会发展和存在的基本原则。然而，目前，这方面的经济学研究文献依然很微少。

“郑人买履”：拘泥于理论的后果

现实生活中，买鞋拘泥于鞋的尺码，这样的人或许不存在吧？不过，类似这样“墨守成规，重名轻实”，拘泥于理论或者经验的人，确是有的，特别是经济学领域。

《韩非子》讲述了一个“郑人买履”的寓言故事，原文为：

郑人有欲买履者，先自度其足，而置之其坐，至之市，而忘操之，已得履，乃曰：“吾忘持度。”反归取之，及反，市罢，遂不得履。人曰：“何不试之以足？”曰：“宁信度，无自信也。”

这段话译为白话文，大意为：

有个想要买鞋子的郑国人，他先在家里量了自己的脚，把尺码放在了他的座位上。到了前往集市的时候，却忘了带量好的尺码。他拿到鞋子时，才发现自己忘了带尺码了，于是就返回家去取尺码。等到他赶回来，集市已经散了，最终没有买到鞋。有人问他说：“你为什么不用自己的脚试一试鞋子的大小呢？”他回答说：“我宁可相信尺码，也不相信自己的脚！”

据说，韩非子撰写这篇文章是为了批评墨子“墨守成规，重名轻实”。韩非子为什么要借“郑人”，而不是“鲁人”、“晋人”说事？因为墨子是郑国人。

现实生活中，买鞋拘泥于鞋的尺码，这样的人或许不存在吧？不过，类似这样“墨守成规，重名轻实”，拘泥于理论或者经验的人，确是有的，特别是经济学领域。

在社会学科中，经济学是较为“入世”的学问。在中国，“经济学家”曾经是最为风光的群体。从中国最近几十年的经济改革历史可以看出，经济学家对于经济政策的影响非常明显。这一群体是政府的座上嘉宾，直接参与制定各类经济政策，从而直接影响了大众的利益。但是，最近几年，特别是“郎咸平旋风”和“丁学良风波”之后，经济学家的声望从峰巅跌到谷底。他们不仅走下了神坛，而且深为大众所诟病。2009 年的“两会”上，全国政协委员刘革新甚至称，应淘汰一批主流经济学家！

这其中的缘由颇为复杂。其中一个原因是，有些经济学者提出观点或建议的时候，与“郑人买履”一样，拘泥于经济学理论。

其实，任何经济学理论的成立，都依赖于一定的前提条件。忽视了前提条件，就容易把经济规律、经济理论当做放之四海而皆准的真理加以运用，最终使自己的分析预测出现失误。著名经济学家富兰克·H. 奈特就曾坦言：“经济学家的知识是有限的，其预测的失误是不可避免的。”

从另一个角度看，而今的经济学研究流行数学与统计学分析。经济学理论研究已经进入了一个高度数学化的时代。据吉拉德·德布鲁（Gerard Debreu）的统计，从 1969—1990 年的 30 位诺贝尔经济学奖得主中，有 25 位是计量经济学会的成员，占 83%。在有的主流经济学家看来，没有数学或统计学模型的论文，算不得真正意义上的经济学论文。然而，用数学与统计学研究复杂的经济问题，难免存在诸多缺陷。

记得以前上大学时听人讲了这样一个故事：数学系的学生挖苦统计系的学生说：“你们念统计的常以算术平均数来代表全体（population），那么你们一手泡在沸水中，另一手浸在冰水中，一定会感到很舒服，因为你们的平均感受只有50摄氏度而已。”统计系的学生的也不甘示弱，说：“你们念数学的说 a = b，b = c，则 a = c，那么你们一定会热爱女朋友的另一个爱人，因为你们爱你们的女朋友，而你们的女朋友爱另一位男朋友，所以你们也会爱你们的情敌。”

玩笑归玩笑，故事中揭示的却是一些人们容易犯的思维错误。事实上，学过统计的人都知道全体十分集中时，以算术平均数代表全体才有意义；而学过数学的人也都明了“等号”是必须具备有传递性的（即，若 a = b，b = c 则 a = c），可是，前面所说的“爱”并不满足传递性。但是，人们运用理论的时候，却常常忘记了这些重要的约束条件。

我在阅读经济学文献的时候，就常常碰到类似的失误。譬如，澳大利亚莫纳什大学的黄有光教授，批评我误解他们的“新兴古典经济学分析框架”，认为可以用“一元就是一元”的原理解决人与人之间的效用比较问题。众所周知，在经济学中，效用是用来衡量消费者从一组商品和服务之中获得的快乐或者满足的尺度。既然是主观的东西，人与人之间的效用是难以比较的。张三与李四同时爱上一位女子，那么，张三与李四对这位女子的爱，是否可以比较呢？

又如，有学者写文章称，截至2008年年末，北京城镇居民人均住宅建筑面积28.74平方米，接近30平米的“小康标准”，表明居民住房条件得到极大改善。研究之后，我发现统计数据的不一致。建设部2006年7月公布的《2005年城镇房屋概况统计公报》

显示，截至2005年年底，北京人均（城镇）住宅建筑面积达32.86平方米。但2009年3月公布的《北京市2008年国民经济和社会发展统计公报》中，这个数据为28.74平方米。其次，人均住宅建筑面积能说明什么呢？如果简短计算，三口之家拥有86.22平方米或者98.58平方米的住宅，北京城镇居民的居住条件也未免太好了。实际情况并非如此。一方面，住房并未完全售出，据新华网2009年1月21日专电，截至2008年年末，北京市商品房现房空置面积达1438.3万平方米，比2007年年末增长26.6%。另一方面，购房者中相当一部分是投资者或投机者。2005年2月，北京市统计局公布了联合北京市建委实施的，旨在摸清北京市商品住宅投资性购房比例、结构等情况的《商品住宅投资性购房快速调查》结果，该结果显示：北京房地产市场上的投资性购房比例为17%。如果再考虑住房分配情况，则北京没有住房或者居住条件较差的人不在少数。2009年10月，有研究机构则认为，北京70%的购房者为投资或投机性购房。

一些学者在运用经济学理论时不顾实际情况盲目套用是一种危险的思维方式，无异于“郑人买履”。可是，有些人比“郑人买履”还要走得远，例如米尔顿·弗里德曼（Milton Friedman，1912—2006），甚至连“尺码”都不要，臆断“脚”的尺寸大小。

弗里德曼认为，理论模型的假设条件是否真实无关紧要，竞争性的经济学理论及模型的优劣，应当用理论模型的推论（预言）是否与社会经济现实一致来判断。在《实证经济学方法论》一文中，弗里德曼列举了一个树木生长的例子来说明。他考虑一棵树上叶子的密度，并提出假说：“这些叶子的位置是这样确定的：在其周围的叶子位置一定的条件下，每一片叶子都好像有意地使它所能得到的阳光数量最大化；每一片叶子都好像知晓决定在不同的位置上可得阳光数量的自然法则，并且能够迅速地（或曰即刻地）由任一位置移到任一其他合意的且尚未被占据的位置。”他表示，“该假说的某些更为明确的含义明显地与实际情况相一致：例如，一般来说，树南侧的叶子密于树北侧的叶子，但如本假说所意含的那样，在山的北坡，或当树的南侧为其他东西所遮盖的情况下，树的南北两侧叶子密度的差异就不会那么明显。”他接着推论——就我们所知，叶子不能“有计划地行事”或者不能有意识地“追求”什么，它没有进过学校并学会计算“最优”位置所必需的科学和数学的有关法则，但难道我们可以据此认为该假说是不可接受的或不合理的吗？

我认为，该理论模型的假设条件之所以可以不真实而不影响模型的解释能力，是由于模型本身即不真实。事实上，由于树木的生长需要光照（从而光照是树木生产叶子所需要的一种要素投入），因此在其他条件相同的情况下，光照更充足的一侧，树木可以生产出更多的叶子，每一片叶子也可以长得更大，或许由此造成了树木光照充足的一侧更加枝繁叶茂，而不是树木的每一片叶子都根据约束优化问题求解的结果尽力朝光照更充足的地方生长。弗里德曼对其观点的论证之所以有缺陷，是由于他忽视了区分模型本身是否真实这一关键问题。

由于坚持这种研究方法，弗里德曼宣称：货币最重要，最好的货币政策就是货币发行量上的单一规则。所谓单一规则是指使货币供应量按一个固定比率增长，比如说年增长率等于3%—5%，这个比率等于通货膨胀率加上实际国民收入增长率。弗里德曼认为，一个国家实行单一规则的货币政策，可以保证经济在物价水平稳定的环境中增长。20世纪70年代以来，一些国家不考虑实际情况，盲目相信弗里德曼的所谓计量分析和单一规则，加以套用而实施。虽然这些国家的通货膨胀得到了较好的控制，通货膨胀率较低，但是失业、生产率下降和经济增长速度减慢等问题却加剧了。于是，20

世纪 80 年代以来，这些国家纷纷放弃该中介目标。例如，1987 年，美联储宣布不再设 M1 目标；1993 年，格林斯潘在国会听证时表示，美联储不再将包括 M2 在内的货币总量作为货币政策目标。

由此可见，虽然“墨守成规，重名轻实”并非良好习惯，现实中却很常见。我想，今后不应再将“郑人买履”当做寓言故事看，而是要作为时时提醒我们的一种参照。

“杞人忧天”：分工的风险

杞国的这个人担忧天会塌地会陷，自己无处存身，便整天睡不好觉，吃不下饭。推演来看，它涉及的问题其实是分工带来的风险。

我在《“卖油翁”与分工效应》一文中讲述了分工的好处。当然，这只是硬币的一面。另一个著名的寓言故事“杞人忧天”，则告诉我们分工带来的风险。

《列子·天瑞》中说：

> 杞国有人，忧天地崩坠，身亡所寄，废寝食者。又有忧彼之所忧者，因往晓之，曰：“天，积气耳，亡处亡气。若屈伸呼吸，终日在天中行止，奈何忧崩坠乎?”其人曰：“天果积气，日月星宿，不当坠邪?”晓之者曰：“日月星宿，亦积气中之有光耀者，只使坠，亦不能有所中伤。”其人曰：“奈地坏何?”晓者曰：“地积块耳，充塞四虚，亡处亡块。若躇步跐蹈，终日在地上行止，奈何忧其坏?”其人舍然大喜。晓之者亦舍然大喜。

这段话译为白话文，大意是：

杞国有个人担心天塌地陷，会让自己无处安身，便食不甘、寝难安。有人开导他说：“天，不过是积聚的气罢了，没有哪个地方没有气。你的举动与呼吸，整天都在天空中进行，天怎会塌下来？”他说：“如果天是气聚而成的，日月星辰会不会掉下来？”开导者说：“日月星辰是气体中发光的东西，即便掉下来，也不会砸坏什么。”他又问：“如果地陷下去怎么办？”开导者说：“地不过是堆积的土块罢了，填充着四处，到处都有土块，你行走跳跃，整天都在地上活动，怎么会担心地陷呢？”他便放下心来，很高兴；开导者也放下心来，很高兴。

先看看教科书对“杞人忧天”的解说吧：头顶蓝天，却整天担心蓝天会崩塌下来；脚踏大地，却成天害怕大地会陷落下去。这则寓言辛辣地讽刺了那些胸无大志，患得患失的人。“天下本无事，庸人自扰之。”当然，也有教科书称，此寓言的寓意为：只要把道理说透彻，就能够帮助人解除顾虑和忧愁。

现在人们一般认为，“杞人忧天”说的是不必要的或无根据的忧虑。

杞国的这个人担忧天会塌地会陷，自己无处存身，便整天睡不好觉，吃不下饭。推演来看，它涉及的问题其实是分工带来的风险。

如果没有分工，每个人都是接近全能的，自然不必担心什么风险了。发展相对落后的农村地区，社会分工程度很低，但是很多农民会自己织布、裁剪制作衣服，会造纸，会编制背篓，等等。干活受点小的外伤，自己找草药敷上即可。他们完全可以独立生存。可是，城市的居民与此大不相同。需要衣服，到商店购买；衣服脏了，有洗衣店；衣服破了，扔掉或者到缝纫店缝补。读者看看《红楼梦》吧，贾宝玉连衣服也有人帮着穿。也就是说，随着分工的深化，每个人只从事某个领域的工作，从而只精通或了解某个或者某几个领域。所以，由于分工，人的完整性大为降低，对其他人的依赖程度提升，而人的脆弱性也大大提高。

所以，缺乏分工或者分工程度很低的区域，人们掌握的知识面广，应对风险的能力强；分工相对充分的地区，每个人掌握的知识相对狭窄，应对风险的能力弱。也就是说，每个人处于较长的分工链条上，一旦这个链条的某个环节出现问题，其他人将面临巨大的风险或者损失。举例来说，农民要喝牛奶，可以自己养奶牛，他很熟悉并亲自经历牛奶的整个生产过程，饮用的牛奶自然较少存在问题。但是，被放置在长长的分工链条中的城市居民，每个人只从事一个很具体的工作，例如教授经济学的教师，拥有的知识主要限于经济学，对于其他领域，自己大致是文盲或外行。他要喝牛奶的话，只能依靠他人供应。而牛奶的生产，由于分工链条的拉长，一般经过饲养、收购、加工三大重要环节，产品又经过质检、流通环节，才到达消费者手中。这其中，特别是生产中的某一个环节疏忽，乳制品的质量就可能毁于一旦。

从外在因素看，如何减少分工带来的风险？依靠“两只手”：市场这只“无形之手”和政府的“有形之手”。如果市场是充分竞争的，物美价廉的商品会胜出，大家被迫提高产品质量，否则就容易被淘汰。可是，如果缺乏相应的惩罚机制，为了暴利，商人是会铤而走险的。卡尔·马克思在《资本论》（英文版）第1卷第31章的注释15中，引用了邓宁格（T. J. Dunning）的一段话：“《季刊评论员》说，资本会逃避动乱和纷争，是胆怯的。这当然是真的，却不是全面的真理。像自然据说惧怕真空一样，资本惧怕没有利润或利润过于微小的情况。一有适当的利润，资本就会非常胆壮起来。只要有百分之十的利润，它就会到处被人使用；有百分之二十，就会活泼起来；有百分之五十，就会引起积极的冒险；有百分之百，就会使人不顾一切法律；有百分之三百，就会使人不怕犯罪，甚至不怕绞首的危险。如果动乱和纷争会带来利润，它就会鼓励它们。走私和奴隶贸易就是证据。”

因而，市场也有“失灵”的时候。2008 年中国发生的震惊中外的“三聚氰胺事件”，就是一个典型的案例。使用乳制品的人们，多处于分工链条之中，缺乏分辨乳制品质量的能力，唯有按照质检部门提供的结果判断，于是，那些包装袋上标注“国家免检产品”或者“质量安全”字样的乳制品，被放心选购。可是，由于质检部门的制度漏洞等问题，放任牛奶制品公司“自由经营”。于是，为了追逐暴利，三鹿奶粉厂等乳制品厂在奶粉中添加了三聚氰胺，导致全国 29.4 万名左右的婴幼儿患泌尿系统结石。此事经过媒体披露，各界广泛重视之后，引起了极大的乳制品恐慌症，中国乳业终于因此遭到重创。年销售额 100 亿元、市场占有率达到 17% 的石家庄三鹿集团破产倒闭。光明乳业 2008 年年报显示，该公司全年亏损近 2.86 亿元，营业收入同比下降 10.33%；蒙牛乳业预计全年亏损额将达 9 亿元。

可见，对于关乎人们健康的乳品而言，政府是不能缺位的，是不能放任企业自有经营的。有的时候，企业为了暴利，根本不在乎消费者的健康。据了解，自 2007 年 12 月以来，三鹿集团陆续收到消费者投诉，反映婴幼儿在食用奶粉后，尿液中会出现红色沉淀物。2008 年 5 月 20 日，三鹿集团成立了技术攻关小组，通过排查，确认该集团所生产的婴幼儿系列奶粉中的“非乳蛋白态氮”含量是国内外同类产品的 1.5—6 倍，怀疑奶粉中含有三聚氰胺，随后，于 7 月 24 日将 16 批次婴幼儿系列奶粉送河北省出入境检验检疫局检验检疫技术中心检测，以确定是否含有三聚氰胺。8 月 1 日，检验检疫技术中心出具检测报告，送检的 16 个批次奶粉样品中 15 个批次检出三聚氰胺。同日，全国已有众多婴幼儿因食用三鹿婴幼儿奶粉出现泌尿系统结石等严重疾患，部分患儿住院手术治疗，多人死亡。然而，三鹿集团在明知其婴幼儿系列奶粉中含有三聚氰胺的情况下，为了自身的名誉和利益，他们除了调集每千克含三聚氰胺20毫克左右的产品换回含量更大的产品外，依然没有停止奶粉的生产、销售。从8月2日至9月12日的40天时间，这些打着国家免检旗号，总量904.2432吨的毒奶粉就销售了90%。

前文是从宏观角度讨论问题的。从微观的角度看，也就是说，个人如何避免分工带来的风险？“杞人忧天”，并非愚蠢的行为，而是一种合乎理性的选择。

一是要谨慎。长存谨慎之心，是没有错的。或许，我们不必学习英国思想家休谟所说的“无赖假定”而假设他人是恶者，但中国古人所谓的“害人之心不可有，防止之心不可无”，是值得我们遵循的一种处世态度。

二是采取措施分散风险。现代投资学有一句名言：“不要把所有的鸡蛋放在同一个篮子中。”显然，把所有的鸡蛋都放在同一个篮子里，一旦篮翻，所有的鸡蛋都可能被打碎了。分散放置鸡蛋，那么，所有篮子都翻倒的概率较小，打碎鸡蛋的概率也就较小。

就如喂养婴儿，如果有母乳，何必选择存在风险的奶粉呢？如果不得不选择奶粉，何不花点时间寻找相对安全的？讲述奶粉选择的专业知识很多，何不上网络搜索一下？

当然，如果不是消费者，而是生产者，做金融投资的，需要考虑投资品的分散性；做实业投资，则要考虑产业互补。当企业在投资一个新领域行业时，应该考虑到一旦发生最差的情况时，原来的行业哪一块可以进行补充，如果发现没有可以补充的情况，就不要选择这个新行业来发展多元化，因为无法达到互补。例如农民的“兼业”现象。农民的兼业现象指的是当前农民虽早已进城打工不务农事，但其仍不愿放弃对土地的所有，也有很多人农忙时回家务农，平时进城打工，或者甚至愿意倒贴钱雇人来种地。很多研究将之归因为土地对农民的生活具有很强保障作用的缘故。更想之，这与当前中国的社会保障体制不健全有相当大的关系，引申之，我们可以思考现代分工体系为何要有如此强大和广泛的社会保障体制做支撑？分工保障对分工专业化程度的影响如何，专业化所带来的社会效益如何在全社会分配？等等。

总之，高度分工的社会，“杞人忧天”是必要的。

“掩耳盗铃”的行为经济学解释

“掩耳盗铃”是自欺行为，但不一定是“愚蠢”的。按照行为经济学的看法，“掩耳盗铃”是减少认知失调的一种方式。

《吕氏春秋·自知》讲述了一个著名的寓言故事，原文如下：

范氏之亡也，百姓有得钟者。欲负而走，则钟大不可负；以椎毁之，钟况然有音。恐人闻之而夺己也，遽掩其耳。

这段话译为白话文，大意是：

晋国贵族范氏逃亡之时，有个人趁机偷了一口钟，准备背着它逃跑。但是，这口钟太大，不好背，他就用锤子砸它。那口钟就“咣”地发出了很大的响声。他怕别人听到响声来跟自己抢钟，就急忙堵住自己的耳朵。

这个“掩耳盗钟”故事，后来被演绎成“掩耳盗铃”，用来比喻愚蠢自欺的行为。

作为理性的人，从理论上讲，是不应该存在掩耳盗铃行为的。可是，反观周围，我发现类似“掩耳盗铃”式的自欺行为比比皆是。明明别人学习成绩比自己好，却说自己因为考试没有发挥好；恋爱中自己被女友甩了，却说因为女友不好，自己先放弃她的；炒股遭遇重大损失，却说自己一时失手；一医院药械科负责人为了掩盖自己的受贿事实，竟与行贿人办理赠与合同并到公证处进行公证；某贪官出版廉政读本，勉励治下干部“勤政为民，廉洁奉公”……

所以，扪心自问，我们每个人或多或少充当过盗铃人的角色。

众所周知，由于存在信息不对称，有些人利用他人信息或知识缺乏来行骗牟利，这是很容易理解和解释的。可是，“掩耳盗铃”，自我欺骗，能为自己带来什么收益呢？

按照行为经济学的看法，“掩耳盗铃”是减少认知失调的一种方式。“认知失调”（Cognitive Dissonance），是指一个人的行为与自己先前一贯的对自我的认知（而且通常是正面的、积极的自我）产生分歧，从一个认知推断出另一个对立的认知时产生的不舒适感、不愉快的情绪。

那么，为什么会出现认知失调呢？因为人类天然存在“过分自信”（Over－confidence）和“乐观主义”（Optimism）倾向。

“过分自信”，指人们经常过度相信自己判断的正确性，而当人们觉得自己对于事情的结果有控制力时，其过度自信的倾向会更明显。

在人类的经济行为中，过度自信常会使人高估自己的知识，夸大自己控制事件的能力，从而低估可能存在的风险，而盲目乐观则会使人们低估外在环境出现“不好的”状况之可能性，从而造成更大的风险。

利希滕斯坦（Lichtenstein）、费斯科霍夫（Fischhoff）和菲利普斯（Phillips）在1970年发表的一篇论文中曾对人类的决策心理行为进行一系列研究，对参加研究的人询问一些相关的问题，然后再自行估计答对的几率，研究结果发现，通常人们会高估自己的判断能力，即使参与者100%确定自己的答案是正确的，但实际上答对的比例只有80%。因此，人们常将成功的原因归因于自己的“天纵英名”，而非环境或机会因素所造成，使得人们在作决策时不会充分考虑他人的意见，而形成所谓的过度自信现象。

过度自信意味着决策者对自己付出努力必然得到回报的能力持有一种“乐观主义”情绪。“乐观主义”，指人们有夸大自己对命运控制能力的倾向，从而低估可能产生的风险之现象。

比如说，你认为自己的驾车水平如何？把自己和其他司机比较一下，你的水平是在平均之上，平均水平，还是在平均之下？

由于乐观主义倾向的存在，大多数人的信念都存在着偏差。乐观主义者夸大了他们自己的才能：这就是超过80%的司机相信他们的驾车技术高于平均水平的原因。他们中的多数人肯定是错误的。

乐观主义者还会低估他们无力控制的坏结果出现的可能性。举例来说，大多数大学生相信，与同学相比，自己不大可能在50岁之前生癌或者得心脏病。

过度自信与乐观主义的结合是一剂烈酒（a potent brew），它使人们高估自己的学识水平，低估风险并夸大自己控制局面的能力。

可是，现实世界不是“伊甸乐园”。当我们遇到一些与我们观点和意见不相符合的现象时，特别是损失或者风险出现之后，就会觉得自己的能力和行为并没有想象中那么好，从而产生苦恼，而我们都很自然的倾向于最大限度减轻这种苦恼，从而使我们很难认识到自己的自负。对决策者而言，常常表现为“信息过滤”，即倾向于忽视与自己观点不相符合的信息。

也就是说，人们将对现有态度进行调整，以匹配过去的想象或者行动。

“掩耳盗铃”通过两种方式来实现：一是自我归因偏差（Biased Self - attribution）。它表明，人们总是倾向于把好的结果归因于自己的聪明决定，把坏的结果归因于外界环境。因此人们很难在实践过程中纠正过度自信倾向，并且可能会进一加强这种倾向。罗伯特·希勒（Robert J. Shiller）在1999年发表的一篇论文中认为，如果把过度自信与锚定（Spud，行为经济学范畴术语，指人们趋向于把对将来的估计和过去已有的估计相联系）联系起来，可以理解投资者意见分歧和出现巨额交易的一些原因。历史无关性是过度自信的一种特别类型，指人们认为历史是无关的，它并不预示着未来，他们认为可以根据自己特有的直觉判断未来。这种倾向促使人们很少从过去的统计数据中吸取教训，而且大多数投资者几乎没有研究过历史数据，他们往往锚定于近期的观察。

二是寻求确认（Seeking Confirmation）。寻求确认是自我归因偏差的辅助机制，为了维护自尊人们总是按照同自己的先验信念相一致的模式来搜集信息，解释模棱两可的事件。自我归因偏差通过这种机制实现增强。

看来，“掩耳盗铃”是自欺行为，但不一定都是“愚蠢”的。

“老马识途”：无用的功用

从经济学角度看，“老马识途”告知我们的是，每个人都有“相对优势”，不要轻易用自己的长处与别人的短处相比较。

《韩非子·说林上》讲述了一个“老马识途”的寓言，原文为：

管仲，隰朋从于桓公而伐孤竹，春往冬反，迷惑失道。管仲曰：“老马之智可用也。”乃放老马而随之，遂得道。行山中无水，隰朋曰：“蚁冬居山之阳，夏居山之阴，蚁壤一寸而仞有水。”乃掘之，遂得水。以管仲之圣而隰朋之智，至其所不知，不难师与老马，老蚁，今人不止以其愚心而师圣人之智，不亦过乎？

这段话译为白话文，大意是：

管仲、隰朋跟从齐桓公北伐孤竹，春往冬返，由于没有熟悉地理的向导带路，在回家的路上迷失道路，管仲说：“老马的智慧可以利用啊。”于是就纵老马于军前，任其所至，随而从之，竟得道而归。在山中行军，没有水喝，隰朋说：“蚂蚁冬天住在山的南面，夏天住在山的北面，蚂蚁的土壤有一寸深一仞之处就有水。”就发掘蚁穴，找到了水源。凭借管仲和隰朋的圣明，遇到他们所不了解的事，也不把向老马和蚂蚁求教学习看做是羞耻的事，现在的人却不承认自己愚昧、不知道学习和汲取圣人的智慧，不太过分了吗？

现在，“老马识途”已经成为一个成语，比喻有经验的人熟悉情况，能在某个方面起指引的作用。

从经济学角度看，“老马识途”告知我们的是，每个人都有“相对优势”，不要轻易用自己的长处与别人的短处相比较。“老马识途”中，比起年轻的马，老马不能驮运，一些无知的人也许要将它们弃置如敝帚。但是，老马认识道路，让齐国将士绝处逢生。同样的道理，年老力衰的人，肩不能挑、手不能提，但是，他们的生活经验丰富，遇事能够应付自如，这是年轻人不具备的优势。

所以，很多看似“弱”的甚至“无用”的东西，其实是因为你没有看到它的“功用”。只要你让每个人发挥其“相对优势”，必将实现各得其乐。

经济学的原理表明，每个人发挥自身的“相对优势”，大家协作，效率最高。从理论上看，如果不存在强制，人与人之间甚至国家之间选择交易或贸易，是因为交易或贸易将使双方都有钱可赚，是一项互利的善举。中国古代的墨子说，“交相利”，即交换对人们有利。亚当·斯密进一步说，“一个人是贫是富，就看他能在什么程度上享受人生的必需品、便利品和娱乐品。但自分工完全确立以来，各人所需要的物品，仅有极小部分仰给于自己劳动，最大部分却须仰给于他人劳动。”

一言以蔽之，利用相对优势生产，然后交换，对各方都是有利的。萨缪尔森（Paul Samuelson，1915—2009）讲过一个最佳律师兼最佳打字员的例子。假设有一个律师，打字的速度是他秘书的两倍，那么，律师在法律和打字上相对于秘书均有绝对优势。然而，由于秘书没有律师证书不能从事法律业务，律师在法律上有更大的绝对优势或有一个相对优势，而秘书在打字上有相对优势。根据比较优势原理，律师应该将所有的时间用在法律上，而让秘书去打字。例如，律师每从事 1 小时法律工作可以获得 100 美元，但必须支付秘书打字费 1 小时 10 美元，那么他如果自己打字，每小时损失 80 美元。原因是每打字 1 小时他可以节约 20 美元（因为他打字的速度是秘书的两倍），但同时损失每从事 1 小时法律工作所得的 100 美元。美国经济学家麦克·杜格尔利用数据对比较优势理论进行了验证，结果表明：美国生产率比英国高的产业向第三市场的出口比率也比英国的高（［美］多米尼克·索尔韦托瑞：《国际经济学》，清华大学出版社 2002 年版，第 34 页）。

不过，现实生活中，很多时候，限于我们知识和认识的盲区(自身智慧的不够)，对一些事物的“功用”缺乏认识，此时该如何选择？

一是尽可能挖掘其“功用”。就如庄子的“大瓠之用”。在《逍遥游》中，惠子对庄子说：“魏王送给我一棵大葫芦的种子，我拿去栽种之后结出的果实重达五石，不过用它来盛水的时候，它的坚固程度却无法承受；如果将它剖开来当水瓢用，却又因为瓢的容量太大，无处可容；我认为它不是不够大，而是毫无用处，因此就把他砸碎了。”庄子则表示：“你既然拥有五石容量的大葫芦，为什不想把它当做腰舟来用，浮游于江湖之上，反而忧虑它的容量太过大而没有地方可以容纳呢？由此可见，你的心思仍旧是闭塞不通呀！”

这其实是一种新的思维方式。下一次，当你觉得某种东西无用之时，不妨想想庄子的“大瓠之用”。

二是考虑博弈论的思维。比如说，有人落水了，你要不要施救？你也许会说，救人有啥好处，万一不小心，还把自己的命搭进去了。从理性的角度看，你或者周围其他会游泳的人，应该立即下水营救。道理很简单，如果大家都不营救，这样就发出一个信号：营救落水者，不是积极选择。那么，以后，你或者其他人落水的时候，也不会有人营救。但是，如果你或者其他人立即下水营救，也发出一个信号：落水者应该而且能够得到营救。那么，以后，如果你或者他人落水，必将得到营救。这相当于给自己买了一份保险。同样的道理，青年人帮助老年人或儿童，男人帮助女人，健康人帮助生病的人……更一般地，强者帮助弱者，都会发出这样的信号：弱者应该而且能够得到帮助，这个社会是一个幸福的社会。

“寒号鸟”与储蓄理论

寒号鸟的故事，是说人应当储蓄（积累），以应对不时之需。当然，这里所说的“储蓄”，并不等价于“居民将暂时不用或结余的货币收入存入银行或其他金融机构的一种存款活动”。

元末明初文学家陶宗仪所著《南村辍耕录》（卷十五）中记载了一个关于寒号鸟的寓言故事，原文为：

五台山有鸟，名寒号，四足、有肉翅，不能飞，其粪即五灵脂。当盛夏时，文采绚烂，乃自鸣曰：“凤凰不如我”。比至深冬严寒之际，毛羽脱落，索然如鷇雏，遂自鸣曰：“得过且过。”

这段话译为白话文，大意是：

五台山上有一种鸟，名叫寒号。它有四只脚，一对肉翅，但不能飞。它的粪便就是“五灵脂”。正当盛暑之时，它身披色彩灿烂的毛衣，自得其乐地叫道：“凤凰不如我！”到了严冬时节，毛羽脱落，难看得像只小雏鸡，就自言自语地叫道：

"得过且过。"

后来，这个故事被收录到中小学语文教科书的时候，略微做了一些修改和补充。后面的故事是：

夏天过去，秋天到来了，其他的鸟儿，有的结伴飞到南边过冬；有的留下来，忙碌着积聚食物，修理巢窝，为过冬做准备。只有寒号鸟，整日游手好闲。别的鸟儿劝它去垒窝，寒号鸟却不愿意劳累。冬天到了，寒号鸟羽毛脱落，没有御寒之物。寒夜中，寒号鸟躲在崖缝里悲鸣："寒风冻死我，明天就垒窝。"可太阳一出来，寒号鸟就又将垒巢的事忘得一干二净。最终，寒号鸟冻死了。

这个寓言的寓意很简明，是说人应当储蓄（积累），以应对不时之需。当然，这里所说的"储蓄"，并不等价于"居民将暂时不用或结余的货币收入存入银行或其他金融机构的一种存款活动"。经济学上所说的"储蓄"，等于收入减去支出。

"寒号鸟"的思想，与古代儒家思想一脉相传。儒家经典《大学》中说："生财有大道，生之者众，食之者寡，为之者疾，用之者舒，则财恒足矣。"这段话的意思是："增加财富有条重要的原则：生产财富的人要多，消耗财富的人要少，积起来要快，用起来要慢，这样财富就会永远充足了。"

相传，《大学》是春秋战国时期曾子所写的一篇学习孔子思想的心得论文。不知道这段话是曾子还是孔子所说，总之，《大学》将财富与生产及消费统筹考虑，是难能可贵的。以货币作为财富累积、交易媒介及会计单位来看，积蓄相当于投资；从国民经济核算来说，积蓄就相当于当地固定资本形成总额，它可提升生产能力，以致经济的增长潜力。

亚当·斯密在曾子和孔子之后2000年才在其著作《国富论》“财富的累积”一章中提出“节俭可增加资本，挥霍无度则减损资本”，他在经济领域的权威性在某种程度上恐怕是给曾子和孔子比了下去。

不过，现代经济学中对储蓄问题看法存有分歧。英国经济学家凯恩斯于1936年出版的名著《就业、利息与货币的一般理论》(*The General Theory of Employment*, *Interest and Money*，通常翻译为“就业、利息与货币通论”)。在这部著作里，凯恩斯把一个国家复杂的宏观经济抽象出来，用了一个模型来表示经济是如何平衡的：消费+储蓄+政府税收+进口=消费+投资+政府支出+出口。等号左面代表总供给；右面代表总需求，这两面一定要相等，即总供给要等于总需求，如果不相等，经济就不能健康发展。

凯恩斯指出，任一项经济活动水平不足，经济体系内的“总需求”就会消减，20世纪30年代经济萧条就是由于人们对前景缺乏信心，只顾保留金钱不愿意消费，也就是说，“储蓄率”太高，投资对资金的需求不足以将其充分吸收利用。

讲到“储蓄”的作用，凯恩斯说：它对社会可说一无功效，它只会将商品的需求减低，使它们难以出售，而它表面上提供的可投资的资金（Investible Funds）则会落空；因为“储蓄”的增加必然使商品的销售减少，从而商人自己的储蓄将减少。总结起来，整个社会的储蓄，未必因一部分人的储蓄意愿的增加而增加。

凯恩斯辩解说：国民收入=消费+投资；而消费=国民收入-储蓄，将它代入前面的公式，则可获得“储蓄与投资必然相等”的结论。

由此，凯恩斯认为，“消费是美德，储蓄是罪恶”。他表示，“一己之储蓄量，虽然对于他本人之所得，不致有重大影响，但他的消费，一定影响他人之所得……如果每个人都想减少消费，增加储蓄，则因所得一定受到影响，故这种企图必自招失败。”也就是说，节俭对于经济增长并没有什么好处：公众越节俭，降低消费，增加储蓄，往往会导致社会收入的减少。因为在既定的收入中，消费与储蓄成反方向变动，即消费增加储蓄就会减少，消费减少储蓄就会增加。所以，储蓄与国民收入呈现反方向变动，储蓄增加国民收入就减少，储蓄减少国民收入就增加。根据这种看法，增加消费减少储蓄会通过增加总需求而引起国民收入增加，就会促进经济繁荣；反之，就会导致经济萧条。由此可以得出一个推论：节制消费增加储蓄会增加个人财富，对个人是件好事，但由于会减少国民收入引起萧条，对国民经济却是件坏事。

英国经济学家罗宾逊（D. H. Robertson）反驳说，凯恩斯的公式，只适用于同一时段中的统计数字。而我们通常所谓以“储蓄”融通“投资”的行为，是指以前一时段中的储蓄（即上一时段中的收入减去本时段的预期消费支出），来融通本时段的投资支出。

不过，凯恩斯本人并不认同罗宾逊的批评。凯恩斯有一句名言：“从长期看，我们都会死的。”也就是说，凯恩斯的“药方”，只是短期应用于“总供给”与“总需求”不相等，即经济出现危机时。就好比一个人生病了，需要打针吃药，可是，病治好了，还需要给他继续治疗吗？

可见，就微观的个体而言，储蓄其实只是“未来的消费”，也就是重视明天、看重未来，或可以用当前流行的“可持续发展”来形容。如寒号鸟那样缺乏储蓄，只知道挥霍，是难以应对未来风险的。但从整个社会短期看，过度储蓄并非美德。

“指鹿为马”：代表性考核

“指鹿为马”，可以从正面运用，也可以从反面运用。运用之时，要考虑制度环境，以及可能出现的考核失灵。

著名的成语“指鹿为马”，一般列为历史故事。不过，有些书认为它是一则寓言故事，如岳麓书社 2005 年出版的《中国经典寓言》。

“指鹿为马”源自《史记·秦始皇本纪》，原文为：

赵高欲为乱，恐群臣不听，乃先设验，持鹿献于二世，曰：“马也。”二世笑曰：“丞相误邪？谓鹿为马。”问左右。左右或言马，以阿顺赵高；或言鹿者。高因阴中诸言鹿者以法。后群臣皆畏高。

这段话大意为：

赵高想要谋反，恐怕群臣不听从他，就先设下计谋进行试验，带来一只鹿献给秦二世胡亥，说：“这是一匹马。”二世笑着说：“丞相说错了吧？为何说鹿是马。”赵高问身边的人，身边的人有的沉默，有的说是马奉承顺从赵高，有的说是鹿。赵高于是就暗中用刑法陷害说鹿的人。此后大臣都怕赵高。

关于“指鹿为马”，现代的语文教科书一般认为，这是颠倒黑白、混淆是非。我认为，这距离故事本身的含义比较远，只能说它是引申意义之一。因为原文说得非常明白：赵高“指鹿为马”的目的是试探群臣。也就是说，赵高颠倒黑白或混淆是非，均只是一种手段。因此，将“指鹿为马”注解为颠倒黑白、混淆是非，无疑是舍本求末。

我翻阅材料，还发现一种注解，即一些心理学者认为赵高“指鹿为马”以考验群臣的这出戏应用了心理学上的顺从现象。他们解释说，秦二世虽然提出质疑，但毕竟年幼，还要听听群臣之见。而群臣当中，一些人回避矛盾、不吭声，这种保持沉默的态度无异于为虎作伥、助纣为虐，他们因此得以摆脱困境。不少人说是马来顺从赵高，这中间的确有人是为讨好赵高，阿谀逢迎，跟着他讲假话。这种“随大溜”的情况，心理学上称为“从众现象”，即服从多数人的意见。如此，一些人慑于权势而不表态，一些人阿谀奉承讲假话，又带动了一些顺从者及从众的人也跟着颠倒黑白。这样，赵高“指鹿为马”的谎言就占了上风。在当时的气氛下，顶着压力讲真话的人是要有点儿勇气的，而且事后都被“暗中治之以法”，吃了苦头。

我认为，这些心理学者的解释，其实分析的是群臣在“指鹿为马”的境况下作出的选择不同的缘由，并没有解释“指鹿为马”这个词语或者行为的本身。

我认为，从经济学角度看，“指鹿为马”谈的是考核问题。

在讨论“指鹿为马”之前，先给读者介绍一下经济学中的考核理论。首先深入分析考核问题的是巴泽尔（Yoram Barzel）。他在《考核费用和市场组织》中着重讨论了如何对商品的品质进行考核、以及如何最大限度地减少考核的费用。他提出，考核是为了降低发现错误所耗的费用。若产品信息是无成本的，商品品质和商品的缺点都能够在交换的时候被毫不费力地加以识别，那么，对产品的质量保证就没有必要了；花哨的包装和优质保证标志就像专业证书和征求意见本那样，都将是多余的；外观漂亮但已经腐烂的苹果也会有一个好价钱。

那么，如何考核呢？巴泽尔提出了以下方式：

“反复购买”。巴泽尔发明了一个术语，叫做“反复购买”，我更喜欢称之为“回头客”。有句俗话说：南京到北京，买的没有卖的精。也就是说，消费者（买方）对产品的了解、市场信息的了解一般来说没有卖方掌握的多，用经济学中的一个概念解释就是“信息不对称”。对于那些日常消费的一些产品，如蔬菜、水果等，需要经常去购买。卖方为了能够招徕长期的、固定的顾客，因此会保障质量；买方为了节省考核的费用，则会选择较为固定的卖家。譬如买肉，首次光顾一个新摊点，很多人一般要仔细挑选，不过，有些注水肉或者质量有瑕疵的肉不容易识别，顾客难免上当。所以，卖方一旦短斤少两或者质量较差，顾客下一次不会光顾。相反，如果初次购买比较满意，顾客下次还会光临。经过多次购买，顾客发现这家摊点的经营者为人诚实，那么，他就可能以后不必每次购买的时候都考核，而且成为这个摊点的回头客。

根据巴泽尔的分析，这种考核方式适用于每次购买批量较少、须经常购买、如果考核出错代价能够承担得起的商品。如果购买化妆品或者药品，虽然也要经常购买，但一般不适宜用“反复购买”考核办法。因为化妆品或药品等产品只要有一次出现质量问题，后果非常严重，重则毁容或危及生命。对于这类产品，人们多半通过“品牌”考核。

“品牌”的英文单词 Brand，源出古挪威文 Brandr，意思是

"烧灼"。人们用这种方式来标记家畜等需要与其他人相区别的私有财产。到了中世纪的欧洲，手工艺匠人用这种打烙印的方法在自己的手工艺品上烙下标记，以便顾客识别产品的产地和生产者。这就产生了最初的商标，并以此为消费者提供担保，同时向生产者提供法律保护。而今，一般而言，"品牌"是一个名称、名词、符号或设计，或者是它们的组合，其目的是识别某个销售者或某群销售者的产品或劳务，并使之同竞争对手的产品和劳务区别开来。例如，购买汽车时，有这样几种品牌：奔驰、沃尔沃、桑塔纳、英格尔等。

我们购买产品，之所以选择品牌，是因为，企业设计品牌，创立品牌，培养品牌的目的是希望此品牌能变为名牌，于是在产品质量上下工夫，在售后服务上做努力。同时品牌代表企业，企业从长远发展的角度必须从产品质量上下工夫，于是品牌特别是知名品牌就代表了一类产品的质量档次，代表了企业的信誉。

比如说，购买化妆品，你为何愿意选择雅顿 8 小时润泽霜、兰芝睡眠面膜、倩碧特效润肤露、娇韵诗睫毛雨衣、美宝莲睫毛膏等品牌？因为，这些品牌经过多年建设，已经成为优质产品的象征。一旦产品出现质量问题，公司受到的损害比顾客的要大很多。

所以，购买商品时，看"品牌"下单，也是节约考核成本的一种专门安排。

对于初创品牌的产品，或者已经是名牌的一些产品，为了消除购买者的担心，减少考核的成本，一般均提供"售后服务"，巴泽尔称之为"产品质量保证"。

我们购物的时候，会发现这种现象：购买电脑等产品时，商家提出类似 7 天包退、15 天包换和 1 年保修政策。也就是说，由买方在消费过程中考核，出错则由卖方包退、包换或者负责维修，以此避免过度地考核。这适用于事先考核成本高昂，但消费中、消费后考核比较容易的产品。譬如，你购买空调，现场试用（考核）是很麻烦的。但通过“售后服务”这种考核安排，你现场可不必考核其品质，使用中发现问题，可通知商家根据情况更换或者维修。

对于有些产品而言，上述各种方法可能均难适用。这类商品品质的考核方法常人难以掌握，因此需要建立独立的评价体系来对卖家的产品进行考核，如专家评定。比如翡翠，被称为“玉石之冠”，可是，要购买货真价实的翡翠，可不是一件容易的事情。

而今，市场上销售的翡翠分为A货、B货、C货和D货，它们之间的价格有天壤之别。所谓A货，是指未经过任何人工处理的天然A货翡翠，只有A货翡翠才具有稀有性和恒久性的升值条件。B货翡翠则是强酸浸泡过的翡翠，强酸泡去了杂质，又经过充胶处理，让B货翡翠看上去颜色都很漂亮，质地也很通透，但它的价格却很低，一般是同等外观A货翡翠的十分之一左右。C货是指翡翠经过人工染色，在原本没有颜色的翡翠上人为地加上颜色，C货的颜色是假的，也可将其归类为假货。D货翡翠则是彻头彻尾的仿冒品，其化学成分和矿物组成与翡翠完全不同。然而，市场上很多人工处理的翡翠或者仿冒品，却标注为“A货”出售，甚至商家还拥有一些权威鉴定机构的证书。非本领域的专家，很难鉴别。

巴泽尔还提出了一种考核方法，他称为代表性考核（或替代性考核，proxy measurement），就是说由于考核某些品质指标的费用高昂，所以选用另外一些可以间接考核品质的指标来节约考核费用。例如，单位的人力资源部招聘员工，一般通过文凭来判断和鉴别求职人的能力。人们在长期实践中发现，文凭与个人能力有很强的统计相关性。文凭传递个人能力的信号，雇主借此来鉴别求职人的个人能力，从而在一定程度上缓解不对称信息导致的逆选择。当然，你可以使用试用的办法鉴别求职者的能力，但这样一个一个地试用，成本太高；如果利用文凭初选，淘汰一大批，留下几个相对满意的进行试用，大大降低了考核的费用。

从上面的介绍看，考核的办法五花八门。不过，我觉得，无论是“反复购买”、“品牌”、“产品质量保证”，还是“专家评定”，都可以归类为一种：“代表性考核”。“反复购买”，其实就是通过对卖家的品质考核，替代对他所卖商品的考核（试探性的购买几次之后，发现产品质量有保障，以后就不必再严格考核了）；“品牌”，其实是通过某种商品的品牌建设情况即声誉，替代对产品质量的考核；“产品质量保证”，亦是利用一种间接的保障手段，替代直接的产品考核；至于“专家评定”，也是利用第三方替代买方直接去考核。所以，我实在不明白巴泽尔为何要将“代表性考核”与其他考核方式区分开来。

回过头来看“指鹿为马”，不难发现，赵高的这一手段确实高明，足以让现代一些经济学家自愧不如。“指鹿为马”的背景为，赵高原本是赵国的贵族，后来到了秦国作宦官，任中车府令，“管事二十余年”。秦始皇死后，他与李斯合谋伪造诏书，逼秦始皇长子扶苏自杀，另立胡亥为帝，并自任郎中令。公元前207年又设计害死李斯，成为秦国丞相。羽翼已丰的赵高，为了彻底巩固自己的地位，便导演了一场“指鹿为马”。

赵高此前已经设计铲除了一批朝中重臣，但不能保证人人都服从自己。从正统经济学角度分析，“指鹿为马”是一种“代表性考核”，即赵高以此判断谁对他忠心。众所周知，信息不对称广泛存在。赵高预谋为乱，首先要确定的是，哪些大臣会听话，哪些大臣会不服。显然，就如打扑克一样，你为了获知别人手中的牌类别，不能问别人手中有什么牌，只能采取一些考核手段试探。赵高也是这种，绝对不能一个一个地问其他大臣你是否同意我造反或者你是否愿意跟我混。他只能采取简洁举措，设局获得自己想要的信息，即哪些人对自己忠心。“指鹿为马”这个试验的厉害之处在于你无法掩饰自己。在一般的场合，为了讨好某人，你可以心口不一，指鹿为马，因为你不用付出代价。但在赵高所设验的局中，大臣对赵高的用意判断错误，就有可能招致杀身之祸。显然，你按照常识言鹿，表明你敢于对抗赵高，不是赵高的奴才；如果你按照赵高的诱导睁眼说瞎话指鹿为马，说明你对他绝对顺从；当然，你可以选择沉默。

最终，说真话的大臣被正法，指鹿为马者升了官，赵高借此进一步清除了异己分子，巩固了自己的势力。

当然，赵高设的这个局只能区分大臣们对他顺从的程度，但不能甄别对他忠诚的程度。记得有人说过，顺从是基于实际利益的考量，服从掌握自己利益分配的上级；忠诚是基于内心的敬重，对自己的上级和朋友的一种信任与支持。后来的事实也证明了这一点：巨鹿之战，大将军章邯倒戈；赵高除掉胡亥，扶持子婴登基，却被子婴所杀，并夷其三族（父族、母族、妻族）。那些当年随他指鹿为马者，早已离他而去。

所以，“代表性考核”并不能保证考核准确，也有失灵的时候。就像一些单位招聘人才之时，以文凭为考核标准，规定应聘者须是“211 工程”或“985 工程”重点大学的毕业者。于是，一些人拿着假文凭去应聘。北京的中关村，一度各种假文凭满天飞，据说花费 200 元，就可以拿到如假包换的北京大学等高校的毕业证书和学位证书。后来，随着打击力度的加大，这种假文凭较易识别，于是，“假的真文凭”出现了。

何谓“假的真文凭”？这种文凭本身是货真价实的，是有权大学颁发的，教育部承认的；但是，拥有这种文凭的人，并不具备相应的水平。譬如而今流行的“企业家读博士”、“官员读博士”等，其中不乏“混文凭”者。读博士不必参加全国统考，入学考试一般都是学校单独命题，至于课程考试、论文答辩，可以托人代劳，可操作空间很大。

聊举一例，原中国证监会副主席、西南财经大学博士王益据传被“双规”之后，某教授撰文《请查一下王益的博士学历来历》，提出了一系列质疑：本科和硕士都是历史学专业的王益，如何能在繁忙的工作中，用约两年时间完成经济学博士课程，写成博士论文，发表若干篇学术论文，并通过答辩？从理论上讲，要修完一门课程就得定期到学校听讲并参加考试，王益任职单位在北京，西南财经大学在成都，学校不可能派人到北京为王益单独上课或单独命题考试，王益上课和考试是如何完成的？正常情况下，全日制博士生需要 3 年多时间才能拿到学位，在职博士生往往需要更长的时间，王益为何能比正常学制的学生还要早毕业？

当然，要打击“假的真文凭”，从理论上讲并不难，只需从制度上保证低能力者不能轻而易举获得同高能力者一样高学历的真文凭即可。

总之，“指鹿为马”，可以从正面运用，也可以从反面运用。运用之时，要考虑制度环境，以及可能出现的考核失灵。

“燕人返国”：“边际”的重要性

“燕人返国”告诉我们一个经济学基本规律——边际效用递减规律，即随着个人消费越来越多的某种物品，他从中得到的新增的或边际的效用量是下降的。

“燕人返国”这则寓言故事来自《列子·周穆王》。原文为：

燕人生于燕，长于楚，及老而还本国。过晋国，同行者诳之，指城曰：“此燕国之城。”其人愀然变容。指社曰：“此若里之社。”乃喟然而叹。指舍曰：“此若先人之庐。”乃涓然而泣，指垄曰：“此若先人之冢。”其人哭不自禁。同行者哑然大笑。曰：“予先绐若，此晋国耳。”其人大惭。乃至燕，真见燕国之城社，真见先人之户冢，悲心更微。

其大意为：

有一位生在燕国长在楚地的人，到年老之时才重返故国。路过晋国时，同行的人有意戏弄他，指着城池说：“这就是燕国城池。”这个燕人一听，立刻变了脸色，现出凄怆的样子。那人又指着一个土地庙骗他说：“这就是你家乡的那座土地庙！”他马上感慨万分，长叹一声。同行的人又指着一幢房子对他说：“这就是你祖先居住过的宅院。”他不胜悲伤，止不住落下泪来。那人又指着一座坟墓哄他说：“这就是你家的祖坟。”这个燕人听了，不禁放声痛哭起来。同行人失声大笑，说：“先前是我骗你呢，这里是晋国呢。”这个燕人羞惭万分。后来，等他们来到燕国，真的看见燕国的城池和土地庙，亲眼看见了他祖先的故居和坟墓，这个燕人的悲凄心情反而淡薄了。

教科书上对“燕人返国”的解析为：这则寓言告诉我们，要用真诚的态度对待朋友和自己的事业。尔虞我诈到处泛滥的社会环境，很容易动摇人们高尚的信念。

诚然，拿那位燕国人的乡情、亲情等开玩笑，是很不道德的，对人的感情是不可以玩世不恭的。不过，从经济学角度解读，可以从“燕人返国”中发现新的思想。

我觉得，“燕人返国”告诉我们一个经济学基本规律——边际效用递减规律（Law of Diminishing Marginal Utility），随着个人消费越来越多的某种物品，他从中得到的新增的或边际的效用量是下降的。

什么叫边际效用？就是增加一个单位的消费品，带来消费者的效用的增加量。比如说，在你口渴的时候，你愿意花2元钱买一杯矿泉水，这说明你对这杯水做出了值2元钱的主观评价（可看做它可以给你带来2元钱的效用）。当你喝下这杯水之后，口不那么渴了，于是现在你只愿意以1元钱买第二杯水，即它只给你带来1元钱的效用，这1元钱的效用，就是第二杯水的边际效用。第二杯水下肚，你已经不口渴了，也不愿花钱买水了，除非第三杯水白送给你喝。于是第三杯水给你的效用是0，即第三杯水的边际效用是0。

第三杯水下肚，你的肚子已经胀了，如果还要你喝第四杯，你不但不觉得爽，反而觉得难受，这第四杯水给你带来的就是负效用，它的边际效用是负的了。也就是说，一个人对一种商品的消费量越多，那么，这种商品对于他的边际效用是逐渐减少的。

“燕人返国”显然可以用边际效用递减规律来解释（当然，我们也可以说，“燕人返国”包含了边际效用递减规律的思想）。燕国人本来胸中郁积着怀乡的浓厚感情，可是受到同伴的戏弄，在晋国提前爆发了。换句话说，对于这个燕国人而言，乡愁（也是一种消费品）对他具有极大的效用，可是，尚未回到燕国，却在途中因为同伴的开玩笑而提前消费了这一乡愁。结果当他真的到了故乡，再增加一单位的乡愁消费，获得的心里感受就大为减少，感情转淡了，即使亲见故乡的事物也激发不起先前那么明显的反应了。这时，在他心中积聚着的甚至是愧疚，他对因轻信别人而导致的过度冲动而深感难堪。

进一步分析，“燕人返国”强调的是“边际”问题的重要性。如果说，这个燕国人在晋国“消费”的乡愁，给他带来的“效用”为100，在燕国消费的乡愁给他带来的“效用”为10（如果考虑被戏弄而难堪和愧疚之感，其“效用”或许为0甚至为负），那么，他回乡从乡愁“消费”中获得的“总效用”为110。

那么，我们是否可以说，这个燕国人回故乡一趟很值得？因为他获得了110个单位的“总效用”；甚至可以认为同伴欺骗、戏弄他也是应该的，因为他多获得了10个单位的“效用”，也就是说，如果在晋国没有被欺骗，他回到燕国，只能获得100个单位的“总效用”。

这里，其实涉及一个“边际效用”与“总效用”的取舍问题。我先给读者介绍一下经济学中著名的“钻石—水悖论”。

众所周知，价格或者价值理论，是现代微观经济学研究的中心课题。可是，古典经济学对此一筹莫展。亚当·斯密（Adam Smith，1723—1790）在《国富论》（即《国民财富的性质和原因的研究》）第一卷第四章中提出了“钻石—水悖论”：“没有什么东西比水更有用，但它几乎不能购买任何东西……相反，一块钻石有很小的使用价值，但是通过交换可以得到大量的其他商品。”

非常有用的东西，价格很低；某些用处不大的东西，价格却很高。这是为什么？亚当·斯密当时的解释是，商品的交换价值（相对价格）取决于其生产成本，生产成本主要受劳动价值的影响。斯密列举了一个例子来说明，如果捕杀一只鹿要花费两倍于捕杀河狸的劳动时间，一只鹿应该能换两只河狸。换言之，一只鹿的价格应该是一只河狸价格的两倍。与此相似，钻石的价格之所以相对高，是因为其生产需要投入大量劳动。

现在，我们发现，这种解释缺陷极大。比如说，一个农妇，花费一天时间手工制作一双布鞋，在市场上只能卖 10 元钱；她上山采野生的猕猴桃，一天采集 20 斤（最保守的估算），可以卖 160 元（单价 8 元/斤）。所以，用劳动或者成本来测算价格，是不合理的。

其实，亚当·斯密在他写作《国富论》前十年发表的一篇讲演中就解决了“钻石—水悖论”。钻石和水价格的不同是稀缺性不同，斯密说：“仅仅想一下，水是如此充足便宜以至于提一下就能得到；再想一想钻石的稀有……它是那么珍贵。”斯密注意到一个迷失在阿拉伯沙漠里的富裕商人会以很高的价格来评价水。如果工业能成倍地生产出大量的钻石，钻石的价格将大幅度下跌。

为什么斯密在他作讲演到出版《国富论》这段时间内改变了想法？一些经济学家认为，这也许是他的宗教嗜好。斯密是一个清教徒，坚信加尔文主义价值观。他的加尔文信仰强调努力工作、有效生产和节俭的好处，《国富论》充满了高尚情操和美德。在他的思想中，钻石和珠宝是虚荣的奢侈品，与水和其他有用“产品”相比相对无用，而且他的经济理论反映了这些价值观。

最终对于“钻石—水悖论”作出合理解释的，是在“边际效用学派”兴起之后。19 世纪 70 年代，三个经济学家——门格尔（Carl Menger，1840—1921）、杰文斯（William Stanley Jevons，1835—1882）和瓦尔拉斯（Léon Walras，1834—1910）分别说明价格由它们的边际效用来决定，而不是由它们的全部效用（即总效用）决定，因为水是丰富的，增加一单位水很便宜，而钻石是极端稀缺的，增加钻石是昂贵的。这已经科学地解决了“钻石—水悖论”。

下面用一个直观的例子来说明“边际”的重要性（这个案例来自庞巴维克的《资本实证论》，本文引用之时有所改动和演绎）。假定一个农民某年生产了 5 袋粮食，他要安排这 5 袋粮食的用途。他一定是按照重要性从大到小的顺序安排：第一袋：用来维持一年的温饱（满足基本生存需要）；第二袋：使他生活得更好；第三袋：饲养家禽；第四袋：酿酒；第五袋：喂鹦鹉。换句话说，第二袋粮食的效用比第一袋小，第三袋比第二袋小，依次类推。第五袋粮食的效用是最小的。

那么，由于第一袋粮食对农民的效用最大，如果让他卖，他要收取最高的价格，比如 500 元；第二袋对他的效用要小一些，他能接受的价格也低一些，比如 400 元；依次类推，第三袋是 300 元，第四袋是 200 元，第五袋对他的效用是最小的，如果让农民出手，只要 100 元就接受。

如果他要出售全部五袋粮食，每一袋的价格应该是一样的（这是常识。好比说，五支一模一样的铅笔，同时出售，只能均一定价，而非差别定价），那么该如何定价呢？是 500 元，还是 400、300、200、100 元？

答案是：100 元！

为什么？

要检验一袋粮食的重要性，我们也许只需要问，如果损失一袋粮食，他将遭受多大损失？如果这个农民从自己的消费中减去损失的一袋粮食，从而危及他的健康和生命，同时继续用粮食酿酒和喂养鹦鹉，那么，这个农民就太愚蠢了。

只要这个农民的思维是正常的，经过稍加思考，他会做出下面的选择：用剩下的四袋粮食去满足四个最迫切的需要，放弃最后和最不重要的那个需要的满足，即这个例子中喂养鹦鹉的边际效用。而这袋粮食只值100元！

可是，当出售所有粮食的时候，如何定价呢？我们知道，养鹦鹉的这一袋粮食，不是五袋中特定的一袋，而是其中的任何一袋。所以，当他有五袋粮食的时候，每一袋仅值100元。

当然，如果这个农民又损失一袋粮食，他失去的就不是养鹦鹉的效用，而是酿酒的效用了。所以，当他有四袋粮食时，每袋粮食就值200元了。

依次类推。当有三袋粮食的时候，每袋的价值就是300元；当有两袋时，就值400元；当只有一袋粮食的时候，这个价格就是500元了。

所以，当有五袋粮食的时候，每袋粮食的价格由第五袋的效用决定；有四袋的时候，由第四袋决定，等等。

无论什么时候，都是由最后的一袋决定每袋的价格，也就是"边际"决定，而不是平均或者加总决定。

所以，寓言"燕人返国"中，对于那位回乡的燕国人而言，真正重要的不是从乡愁"消费"中获得的"总效用"，而是"边际"的效用，尽管他获得的总效用可能大于边际效用。

分析至此，读者不难发现，"边际"问题非常重要。可是，不少学者在使用边际效用递减规律的时候，却容易犯错误。

例如，不少知名学者"创造"出了许多"例外"。茅于轼先生在题为《幸亏我们生活在一个收益递减的世界里》的文章中称："收益递减律无法用任何逻辑的方法加以证明，所以它只能当做经济学中的一条公理被接受。"但他同时表示："吸毒就接近于收益递增。"然而，"公理"是没有例外的，就如茅先生自己所说，"所谓公理，就是一种假定，从来没有被任何事实所否定，虽然它不能用逻辑方法来证明，却能广泛地被接受。"茅先生的观点自相矛盾。汪丁丁先生在题为《为什么"边际效用递减"?》的文章中分析认为，可以"上瘾"的消费品，边际效用是递增的，如吸毒和酗酒。他把这些情况处理在"不正常消费品"之列。

将吸毒等作为"例外"，这是国内外几乎所有经济学家的看法。但是，按照这些学者的逻辑，在现实世界中，我们可以列举很多类似的"例外"。如 A 先生喜欢收藏字画，对他而言，搜罗的字画多多益善；同理，B 先生喜欢集邮，C 先生喜欢游泳，D 先生喜欢打麻将……这些人的消费都有一个共同的特点——嗜好某物品或消费如命，按照茅、汪等先生的逻辑，这些情形都应该是边际效用递增的。但是，类似的事例举不胜举，我们就不得不推论如下：要么是这些学者（包括茅、汪等先生）的观点错了，要么是递减律错了。

如果我们认为递减律是错的，这将出现严重的后果：经济学必须重建！因为，递减律是微观经济学的基石，少了这块基石，经济学的大厦就要倒塌。因为没有它，就不能推导出需求、供给和价格之间的关系，就不能描述市场经济发生作用的机制，就无法构筑整个微观经济学的基础和核心。但是，我觉得可以得出这个判断——经济学经历数百年的发展与完善，特别是微观经济学，已经趋于完美了，它不可能错，它赖以建立的基石也不大可能错。当然，我的这个论断有些武断。

看来，茅、汪等学者的推导可能存在缺陷。缺陷在哪里？在这里先给出我认为正确的答案：他们的推导缺陷在于对递减律无界限的应用，或者说是对该定律的边界或内涵实行了没有界定的应用。

翻阅了大量的海外经济学著作，我发现那些学者关于递减律的讨论，都是用形式逻辑中的归纳论证法进行推演的（茅先生认为该规律无法证明，显然是不严密的）。他们认为该规律需要考虑前提条件（茅先生将它作为公理，也是不严密的）。如英国经济学家马歇尔认为：“在这一规律之中有一个暗含的条件，应当加以说明。就是我们假定，不容许这期间有时间使消费者自己在性格和爱好上发生任何变化。”这其实是假定人的偏好不变。

马歇尔的限定，尽管解决了前面所提到的“例外”可能带来的导致递减律破产，进而解决了可能使整个经济学大厦倒塌的恶果，但是，它使得递减律不切合实际，很武断，有些玩弄逻辑游戏的味道。因为，人的偏好必定随着时间而改变，这是事实。作为一条“规律”，如果同诸多的“事实”相违背，无法真正解释现象，则该规律必定是伪规律或者说是彻头彻尾的错误。

到底如何对边际效用递减规律做出前提限定？这可以从我们的消费品分析得出结论。

尽管消费品包罗万象，但大致可以分为两部分：生活必需品，如柴、米、油、盐等；非生活必需品，即在各种生活必需品得到保障之后出现的，如各种装饰品或炫耀性商品等。

——生活必需品。经验表明，就餐时，如果满桌子都是某一种菜，我们会感到厌烦。所以，比较理想的是，菜肴必须是荤素搭配。前者符合递减律，“理想状态”不符合递减律。为什么？前者是个体，其边际效用是递减的；后者是总体，即几种菜的效用的加总，所以消费的品种增加时，加总的或者消费者所得到的效用是增加的。也就是说，存在总体效用与个体效用的区分。所以，在需求的任何一个周期中，同类和等量的一定数量的消费品所带来的效用的每一次追加，必然被估算得比前一次低。

但就个体物品而言，还需要进一步的分析。以吃烧饼为例，如果烧饼的材质发生了变化，那么其边际效用未必递减了。如果将人的一生纳入该规律的视野，那么，对于人的一生而言，从出生到死亡，第一口烧饼的效用最大，以后递减，直到死亡前的最后一口烧饼，效用最小。如果在人生中途，出现饥饿状况，而且到了饥饿的极限，如果有烧饼提供就能存活，没有烧饼必定死亡，这时，只为其提供了一口烧饼，人照样死了，这最后的一口烧饼的效用，到底是最大还是最小？所以，要使递减律得以成立，还必须进行限定：时间一定，产品同质。

——非生活必需品。人类对这类产品的需求一般表现为多样性和广延性。所谓多样性，是指人们对该类产品的需求，自始就是富于变化的，一种需求会引致出另一种需求；所谓广延性，指的是它们往往包含着广阔的目标，其范围又随着社会经济文化等的发展而扩大。看来，这种需求似乎是无限的，而且其边际效用可能不是递减的（中外学者提出的“例外”多属于这类产品）。比如说，一位先生嗜画如命，一见到好画（名画）便不惜花费极高的代价（或者说是一切代价）得到它。而现实中，这种人比比皆是。他们的嗜好成了一种怪癖，甚至被认为是一种病态的行为，似乎是一个无底洞，永远也填不满。他每得到一幅画，都不会减弱他的强烈的愿望，相反，刺激了他的新的欲望。这种现象是否推翻了递减律？如果毫无变化地重复同样的行为（完全相同，既无扩展，也无变化），则其结果也是必然走向厌烦或厌恶。因为，这里同样存在总体效用与个体效用的区分：具体到某幅画，比如说唐寅的仕女图，如果同样的一幅，则任何一个字画收藏家都会异常兴奋。但如果某收藏家再拥有同样的一幅画，则兴奋的感觉将削弱，如此增加，直到N幅（N取值在3到无穷大），则对他来讲，唐寅的这幅画可能连废纸都不如了。我想，你现在可以理解，为什么一些收藏家手头有两幅同样的名画，会毁掉其中的一幅。收藏家之所以欲望无穷，是因为他已经获得的画或者还没有获得的画，是不同的，各幅画给他带来的效用加总，就是他的总效用。即使拿汪丁丁先生所列举的酒的例子，也可以得出一样的结论。在炎热的夏天，喝一杯冰啤酒会使你感到神清气爽，舒服极了。喝第二杯，感觉也不错；喝第三杯、第四杯甚至更多杯，感觉会怎样？显然，良好感觉会逐步降低，若觉得不胜酒力了，说明边际效用达到了零；如果再喝，则会醉酒、呕吐，那么，边际效用就是负的了。

同理，毒品的消费也遵循这个规律。如果在某一时间，吸毒带来的效用，抽第一口必定快感强烈，抽第二口的感觉次之，依次类推到抽第 N 口时，则达到均衡点，无感觉了，再增加则吸毒者必定产生难受或其他不良感觉，也就是说，吸毒带来的效用成了负的了。当然，吸毒这个事例的推导，是我凭空想象的。毕竟，我没有吸过毒。

通过上面的分析，可以进一步发现，“边际”问题非常重要，对人们的意义重大；而在边际效用递减规律的运用中，需要考虑约束条件：在一定时间内，在其他商品的消费数量保持不变的条件下，随着消费者对某种商品消费量的增加，不论这种消费品是否为生活必需品或非生活必需品（包括烟酒、毒品等“上瘾品”），消费者得自其中的边际效用必定递减。

“庖丁解牛”：洞察世界的技巧

与经济学联系起来，我觉得“庖丁解牛”告知我们的是洞察世界的技巧。世界是非常复杂的。如何洞察世界？现代经济学一般以模型作为解释现实的最基本的单位。

《庄子·养生主》讲述了一个“庖丁解牛”的寓言：有一个名叫丁的厨师给梁惠王宰牛时，“奏刀騞然，莫不中音”，梁惠王赞叹其技艺之妙。丁厨师解释说：平生宰牛数千头，而今宰牛时全以神运，目“未尝见全牛”，刀入牛身若“无厚入有间”而游刃有余。

丁厨师解牛，为何能够“游刃有余”？据他介绍，解牛经历了三个阶段。第一个阶段，初学解牛的时候，他没有技术和经验，看到的只是整头牛，不知道牛体的内在结构和筋骨分布，也找不到骨节，筋肉之间的空隙。第二个阶段，解牛三年后，已掌握解牛的技术，看到的不再是整头牛，而是牛体的内在结构和筋骨分布，但仍未达到挥洒自如，得心应手的境界。第三个阶段，学会“以道解牛”，不但对牛体的内在结构和筋骨分布了如指掌，解牛时更不须用眼去看，只凭精神去感觉，就可以在牛体的筋肉空隙处下刀，避过骨头和筋脉交结的地方，顺应牛体的天然结构和筋肉肌理来切割。

丁厨师还提出了一个佐证：技术高明的厨工每年换一把刀，是因为他们用刀子去割肉；技术一般的厨工每月换一把刀，是因为他们用刀子去砍骨头；而丁厨师的这把刀已用了十九年了，宰牛数千头，而刀口却像刚从磨刀石上磨出来的一样。

庄子讲述这则寓言故事，目的是阐述其“养生”之道。庄子认为“缘督以为经”，凡事顺应自然，避开阻障不硬碰，遇到困难小心谨慎处理，可以保身、全生、养亲和尽年。“庖丁解牛”的要诀在于“依乎天理”，“因其固然”，顺着牛体的自然结构，以“无厚入有间”，于是刀刃无损，十九年仍锋利如新，养刀如养生。

与经济学联系起来，我觉得“庖丁解牛”告知我们的是洞察世界的技巧。世界是非常复杂的。如何洞察世界？现代经济学一般以模型作为解释现实的最基本的单位。

记得我多年前阅读美国经济学者尼科尔森（Walter Nicholson）的《微观经济学理论：基本原理与扩展》，第一章讲述的就是经济模型。尼科尔森辩解说，由于不能详尽描述经济体系的所有特征，经济学家只有将错综复杂的经济现象抽象为简单的模型。

我们知道，任何经济体系的最显著的特征就是它的全面复杂性。成千上万的厂家从事数以百万计的商品的生产；至少数以百万计的人们从事各种各样的职业，他们购买从铅笔到住房等各种产品。理想的状态是，这些经济活动是协调运作的。以铅笔为例，必须保障原材料（铅笔杆用料、石墨铅芯原料、颜色铅芯原料和外观装饰用料等）的及时供应，铅笔生产商保质保量生产，经销商根据需求量及时运送到各个零售店（点）以满足人们的需求。

经济学家可以抽象出一个铅笔市场的模型，以便简明地描述铅笔市场的运作。当然，这种模型不可能记录铅笔的每一个生产或者流通的细节，但它对于我们理解铅笔市场是有帮助的，就如地图那样，虽然没有标注每一处房子或者绿地，但对我们很有帮助。

其实，在各种学科中，广泛运用模型，如物理学上的真空模型；生物学的种群竞争模型；化学中的原子、分子概念；建筑学家的建筑实物模型；工程师手中的电器线路图；当然，也包括前面所说的经济学的模型，等等。这些模型，都如同“庖丁解牛”中的那位丁厨师，对事物的内在结构和运行规律了如指掌，就可抽象出一套模型和解决问题的方法，从而解释和解决问题的时候，可以率性而为，游刃有余。

那么，如何构建模型？“庖丁解牛”中说，丁厨师用了三年，才达到“目无全牛”的境界，其后若干年，才达到“游刃有余”。当然，这恐怕是因为无人指点，他独自摸索和总结经验，花费的时间和精力自然要多一些。对于经济学者而言，与丁厨师相比，则幸福多了，因为不少著名经济学家或多或少介绍了他们的“独门秘笈”。

例如，哈佛商学院的教授和竞争战略理论的权威——迈克尔·波特（Michael E. Porter）在其经典著作《竞争战略》中，提出了行业结构分析模型，同时指出公司战略的核心，应在于选择正确的行业，以及行业中最具有吸引力的竞争位置。一些知名学者运用此模型于中国现实，发现中国企业目前大多处在全球产业价值链中附加价值比较低的制造环节，企业的模仿者过多，产品与服务过于同质化，从而形成无奈的竞争格局。这解释了人民币升值之后的“中国制造业困境”。

又如，著名经济学家张五常，1998 年出任美国西部经济学会会长的演讲词（The Transaction Costs Paradigm，Steven N. S. Cheung，1998）中，提到整个经济学的理论结构只有三招：一是需求定律（需求曲线向右下倾斜——价减量增）；二是个人在局限条件下争取利益极大化；三是一个重要理念：成本是最高的代价。在准备这篇演讲词时，张五常曾把稿子寄给弗里德曼（Milton Friedman）。弗里德曼替他作了修改，并评价这篇论文为“经典之作（Classic）”。

再如，而今担任世界银行副行长、首席经济学家的林毅夫，谈到发展经济学问题，总是用比较优势理论来解释。《南方周末》2008年2月21日的一篇文章说——“在中国，他被称为‘林比较’——从1988年的一页提纲开始，20年来，他一直从比较优势角度来分析发展和转轨。”（需要说明的是，林毅夫借鉴了李嘉图的“比较优势”这个词语，他所说的“比较优势”与斯密所说的“绝对优势”，其实是一回事。林毅夫的观点为：一个国家或地区的劳动力丰富但资本稀缺，应当发展劳动力密集型产业。这实际上是说，这个国家与其他国家相比较，在劳动力上拥有“绝对优势”，所以，应当利用这个“优势”，发展劳动密集型的产业。请读者注意，这个“优势”是“分析比较”出来的，所以，人们往往容易望文生义，误解为“比较优势”。再分析亚当·斯密的观点：裁缝在裁衣上具有优势，所以他应当专注精力裁衣。这也是在与鞋匠、农场主等相“比较”而得出的结论。所以，林毅夫的观点，其实完全来自亚当·斯密，二者并无区别）

当然，别人的模型虽然很好，或许只是别人的。每个人的知识储备不同，分析问题之时面临的环境不同，所以不要试图照搬别人的理论和模型。齐白石早已说过：“学我者生，似我者死。”就好像临摹大师的画，不是为了模仿大师，而是为了学大师作画的方法，对构图、色彩等的处理。

所以，如果明白了“庖丁解牛”的道理，你也可以成为很好的经济学家。实际上，经济学是很“简单”的，你完全可以自己构建模型。经济学最重要的是理性假设，即有选择的时候，选他认为的最好的。也就是说，分析问题的时候，你要考虑谁在做决策，面对的现实条件是什么，目标是什么。经济学家，最重要的是懂得坚持什么和不坚持什么。所有的经济学理论都可能是错误的，你所能坚持的只有“理性”，这一假设即为经济学的“体”，而各种不同的理论是“用”，“用”可以不坚持。也就是说，要懂得经济学，只需要明白“理性”就可以了。

当然，与此同时，构建一套好用的理论模型也是较难的。因为经济现实是非常复杂的，分析任何问题，都要考虑形形色色的约束条件，只有经过反复的“解牛”，做到“目无全牛”，你才有可能做到“游刃有余”。现实生活中，有的经济学家就是因为对约束条件考虑的欠缺，导致理论观点脱离现实。例如，《信息时报》2008年4月29日报道说，经济学家茅于轼日前在一个论坛上表示，限价房和经济适用房无助于满足低收入人群的住房需求，大量搞限价房和经济适用房反而可能推高房价。茅于轼的这个推论，其实来自现代《微观经济学》中的价格控制模型。它包括最高限价（Price Ceiling）和最低限价（又称“保护价”）。限价房无疑是最高限价，即政府对住房所规定的最高价格，一般低于市场均衡价格。政府制定最高价格的原因一般是出于对公平的考虑，目的是为了保持市场物价的基本稳定。教科书上一般认为，最高限价可能减少已经短缺的商品的生产数量。例如，在饥荒时人为制定的低价可能会降低食物供给，进而推动实物价格的上涨。茅于轼很可能是直接引用《微观经济学》教科书上的解释。实际上，教科书上也做了进一步的注解（如汪祥春《微观经济学》，东北财经大学出版社2002年版，第18页），“须强调的是，实行最高限价所造成的商品短缺，长期与短期的影响是不同的。在短期内，由于商品的供给与需求都缺乏弹性，实行最高限价引起的短缺并不大。而在长期，由于商品的供给与需求都富有弹性，实行最高限价引起了大量短缺”。也就是说，限价房，在短期内不会导致住房供应的短缺，也就不存在茅于轼所谓的推高房价之所；茅于轼所说的情况，属于长期情况。而众所周知，限价房或经济适用房，一般都是短期举措，是为了弥补市场缺陷或失灵的短期措施。

行文至此，我想起了马歇尔。他在1890年的《经济学原理》第三章里特别强调：一切科学的学说无不暗含一些前提条件，但这种假设的因素在经济规律中特别显著。达到“庖丁解牛”的境界，前提条件是不能忽略掉的。